ESSAI

SUR

LA VIE ET LES GESTES

D,ARISTE.

ESSAI

SUR

LA VIE ET LES GESTES

D'ARISTE. *(Linguet)*

M. DCC. LXXXIX.

E S S A I

S U R

LA VIE ET LES GESTES D'ARISTE.

I.

Début d'Ariste au barreau ; tracasserie avec le Parlement.

CELUI dont nous allons esquisser la vie, à charge & à décharge, n'est point un grand homme; c'est un personnage encore plus singulier qu'extraordinaire, mais il mérite de tenir dans nos annales un rang distingué, parce que la carriere qu'il a courue, a été semée d'événemens, dont la plupart ont forcé ses contemporains à arrêter, pendant quelques momens, leurs regards sur lui.

L'enfance d'*Ariste* fut un tissu de petites espiégleries, mais qui ne font d'aucune importance, ni pour la postérité ni pour le temps présent; nous ne daignerons pas nous y arrêter; mais nous le montrerons au moment où il parut dans le barreau : son début y fut très éclatant. Ce fut celui d'un jeune homme dont la tête est fort exaltée & qui à beaucoup de littérature, joint déjà quel-

A

que connoiffance des loix civiles. Il eft rare qu'on ne réuffiffe pas lorfque déjà dans une premiere jeuneffe on réunit le jurifconfulte à l'homme de lettres.

Arifte avoit pompé tout le fuc des grands écrivains de fiecles d'*Alexandre*, d'*Augufte* & de *Louis XIV*. L'une de fes premieres démarches fut de rechercher des liaifons avec quelques philofophes déjà célébres en Europe. M. d'*Alembert* l'accueillit avec intérêt & même avec amitié, parce qu'il crut entrevoir en lui le foutien de la tolérance & l'un des plus brillans défenfeurs de la vérité. Les méprifes de M. d'*Alembert* en ce genre furent très nombreufes, mais dans le cours de fa vie il n'en fit point de plus grande que celle d'accorder fon amitié au jeune *Arifte*. Voyons ici ce qui lui valut cette amitié dont les fuites ont été fi ameres pour le philofophe.

Le Comte de *Lally*, comme tout le monde fait, fut traîné en 1766 à la greve fur un tombereau & un bâillon à la bouche. C'eft là qu'à la vue de cent mille fpectateurs tomba fous le fabre du bourreau la tête de ce Général. Arifte vit dans le déplorable dénouement de ce drame national, ce qu'on y a vu depuis. Le bâillon qu'on lui mit à la bouche, lui parut le fcandale ou plutôt une violation manifefte & puniffable des loix françoifes. Il ofa dire hautement que des Magiftrats qui ne connoiffoient ni tactique ni art militaire, qui ignoroient profondément ce que c'est que campement, marche, siege, attaque, retraite, ne pouvoient prononcer sur la conduite du Comte de *Lally*; il soutenoit que les lettres patentes, en vertu desquelles ce Général d'armée fut mis entre les mains du Parlement, n'autorisoient ses juges qu'à examiner & à prononcer s'il étoit concussionnaire, si réellement il avoit vendu Pondichéri aux Anglois comme la canaille l'en accusoit, & on ne le jugea, on ne le condamna, on ne lui fit couper la tête que comme coupable d'avoir méchamment & proditoirement combiné ses opérations militaires.

Le Rapporteur, feu M. *Pasquier*, trouva ces opérations mal entendues & mal exécutées : à chaque opération il attribuoit au Comte de *Lally* une mauvaise intention, celle de se venger, & quand il ne pouvoit lui attribuer cette intention, il lui prêtoit le desir effréné de piller & de s'enrichir. On ne craint point de dire qu'un Magistrat, qui n'étoit jamais sorti de la rue Bourg l'Abbé que pour aller au palais, ne pouvoit qu'hasarder une calomnie en se faisant juge de l'intention d'un vieux Général d'armée qui manœuvroit à quatre mille lieues de Paris, & lequel Général en différentes circonstances de sa vie, avoit prodigué son sang pour servir la patrie qu'il avoit adoptée, & pour servir le

Roi dont il s'étoit fait le sujet, & duquel il avoit reçu des honneurs & des récompenses.

Le courage d'*Ariste* à s'expliquer sur la mort du Comte de *Lally*, à dire qu'il avoit été jugé contre les loix, passa pour une licence effrénée ; on crut en le menaçant pouvoir le forcer au silence, mais il parla encore plus haut; ces menaces ne donnoient à son ame brûlante qu'un nouveau dégré de hardiesse & d'énergie.

Cette énergie se développa encore davantage lorsque le Parlement eut, un mois après le supplice du Comte de *Lally*, donné à la France un spectacle aussi inconcevable qu'épouvantable, en faisant brûler comme sacrilege le jeune Chevalier le *Fevre de la Barre* : *Ariste* ne pouvoit imaginer qu'on eût ordonné de couper le poing, d'arracher la langue & de jetter dans un bûcher un étourdi de dix-neuf ans, pour avoir chanté une chanson orduriere, & pour, dans un moment d'ivresse, avoir fait des singeries au sujet d'une cérémonie très respectable à la vérité, mais dont plus de quarante millions de personnes en Europe, se croyent en droit de se moquer d'après leurs théologiens & les principes de leur conscience.

Au premier coup d'œil il semble qu'il n'y a pas un grand mal de parler comme parlent quarante millions de personnes,

& lorfque quarante millions de perfonnes de tout rang, Rois, prêtres, jurifconfultes, parlent contre une cérémonie, des Confeillers de juftice fiégeant
à Paris, auroient dû, ce femble, y re-
garder d'un peu plus près, avant de
condamner à la *rôtiffure* un jeune militaire plein de talens. Car fi cette opinion ou plutôt cette vérité de la préfence
réelle, toute facrée qu'elle eft à nos
yeux, tomboit jamais dans l'oubli
comme elle y eft tombée dans les deux
tiers de l'Europe; le jeune chevalier *de
la Barre* pafferoit pour un martyr, & fes
juges pour des affaffins implacables.

Arifte les regardoit comme tels, & il
ofoit le dire; il demandoit la loi en
vertu de laquelle on avoit brûlé ce Chevalier, & le code criminel françois n'en
a pas. De ces cris pouffés en faveur de
l'humanité outragée fi fcandaleufement
par le fupplice *de la Barre*, Arifte paffa
au mépris pour les *jugeurs*, qu'il ne défignoit que fous le nom burlefque de
robinocrates; dans divers de fes plai-
doyers il s'échappa en termes très peu
mefurés contre cette *robinocratie*. Les Magiftrats avoient beau fe plaindre de fes
farcafmes & de fes fanglantes ironies,
Arifte alloit fon train; on voulut y mettre un terme : M. de *Maupeou*, depuis
Chancelier de France, mais alors premier Préfident du Parlement, fe croyoit
perfonnellement offenfé; il demandoit

vengeance & juſtice : mais l'ordre des Avocats qui s'eſt érigé en tribunal pour la correction de ſes membres, s'oppoſa à ce qu'*Ariſte* fût puni par le Parlement : en exerçant ſa juſtice correctionelle à ſon égard, l'Ordre lui enjoignit d'être, en plaidant, plus retenu dans ſes propos, & de faire des excuſes à M. le premier Préſident ; ſes excuſes furent acceptées, mais *Ariſte* en les faiſant, y mêla tant d'ironie qu'elles furent regardées comme une turlupinade aſſez agréable.

Cette hardieſſe à parler, & l'éloquence du langage qu'il joignoit à la hardieſſe, lui eurent bientôt fait un nom & quelque célébrité dans le barreau & même dans Paris : M. d'*Alembert* qui s'engouoit facilement devint ſon prôneur ; il l'accueillit comme un jeune homme qui ſembloit devoir un jour faire honneur à la nation, aux lettres & à la philoſophie.

On ſait que ce M. d'*Alembert* ſe plaiſoit à donner des précepteurs à qui en vouloit & des ſecrétaires à qui il pouvoit. Il avoit toujours en réſerve de ces deux eſpeces d'hommes ; c'étoit des cliens qu'il ſe donnoit, des amis qu'il ſe faiſoit & des propagateurs de la philoſophie.

Au reſte il étoit ſcrupuleux dans le choix, & n'eût jamais placé auprès qui que ce fût un homme qu'il eût cru mal-

honnête ; malgré ſes précautions il fut
ſouvent trompé.

II.

Ariſte va en Eſpagne avec le Prince de Beauveau.

LA grandeſſe étoit aſſurée à M. le
Prince de · *Beauveau* ; il s'agiſſoit d'aller
la recevoir ; le Prince eut beſoin d'un
ſecrétaire, & M. d'*Alembert* lui offrit
Ariſte. Le ſuffrage du philoſophe décida
le choix du Prince qui ſe trouva flatté
d'avoir auprès de lui un jeune homme
qu'on mettoit déjà au nombre des orateurs
& des juriſconſultes, qui étoit compté
pour quelque choſe dans la république
des lettres, & qui s'étoit déjà concilié
la bienveillance de quelques philoſophes.
Le Prince de *Beauveau* & *Ariſte* ſon
ſecrétaire, partirent pour l'Eſpagne :
de très longtemps M. d'*Alembert* n'entendit parler d'*Ariſte*. Un ſilence auſſi
long & auſſi peu reſpectueux qu'il étoit
long, avoit de quoi l'étonner ; une lettre
qu'il reçut de St. *Jean-pied-de-porc*, le fit
paſſer d'un étonnement à un autre ; *Ariſte*
lui mandoit que M. le Prince de Beauveau l'avoit renvoyé, qu'en arrivant à
St. Jean des voleurs l'avoient dévaliſé,
qu'on lui avoit enlevé, outre ſon argent

particulier, la fomme de mille écus dont il étoit dépofitaire, qu'il étoit fans reffource, & qu'en arrivant à Paris il fe trouveroit fur le pavé.

Dans le langage d'*Arifte* rien ne déceloit le menfonge, & M. d'*Alembert* ne foupçonnant pas qu'on lui en impofât, s'appitoyoit fur le fort de ce jeune infortuné qu'on avoit dévalifé fur les frontieres d'Efpagne. Dans l'efpérance de l'adoucir il confia la trifte déconvenue d'*Arifte* à quelques perfonnes; mais parmi celles à qui il raconta l'aventure, il s'en trouva qui douterent de la vérité. M. d'*Alembert* prit le parti d'écrire fecretement au Commandant de la ville de St. Jean. La réponfe de ce Commandant fut peu favorable à *Arifte*.

Le refroidiffement fuccéda à l'intérêt que le philofophe avoit pris jufqu'ici au jeune *Arifte*, qui, de retour à Paris, vint voir M. d'*Alembert*. Celui ci ne put favoir les raifons qui avoient déterminé M. le Prince de *Beauveau* à lui donner fon congé. Il fe borna à croire qu'une fimple étourderie de jeuneffe avoit caufé l'éloignement d'*Arifte*.

Lorfque M. le Prince de *Beauveau* fut de retour d'Efpagne, M. d'*Alembert* alla lui redemander fes bontés pour fon fecrétaire.

Il eut dans cette vifite le mot de l'énigme du prétendu vol qu'on avoit fait à Arifte fur les frontieres d'Efpagne;

ces traits de lumiere redoublerent son refroidissement ; il ne le revit plus qu'avec une espece de dédain. Le tout fut enseveli dans le silence, & une nouvelle aventure qui eut quelqu'éclat, ne fit qu'accroître en M. d'*Alembert* le regret d'avoir prôné *Ariste*. (*)

I I I.

Liaisons entre Ariste & Dorat ; dénouement de ces liaisons. Le Duc de Chaulnes veut prendre Ariste pour secrétaire.

Les reproches que M. le Prince de *Beauveau* étoit en droit de faire à *Ariste* étoient assoupis. On avoit murmuré sourdement, mais rien n'avoit éclaté : M. d'*Alembert*, en parlant d'*Ariste*, se bornoit à une grande réserve.

(*) Tout le récit qu'on vient de lire en abrégé, on l'a entendu raconter à M. d'*Alembert* lui même : il le fit dans un de ces momens d'amertume & d'effusion de cœur, où pour soulager son affliction, on dit tout. Il n'étoit point un homme à mensonge, & sur l'article de la vérité, il portoit le scrupule fort loin : mais se sentant vilipendé, il crut devoir, pour alléger le poids qu'il avoit sur le cœur, parler de ses griefs au sujet d'un homme qu'il avoit aimé, prôné, protégé, & qui, après avoir reçu l'accueil le plus distingué de sa part, s'étoit sans raison déclaré son ennemi implacable.

Ariste fut de nouveau mis en scene : n'ayant plus le Philosophe pour prôneur, il se déclara ouvertement l'ennemi de la philosophie. On le vit bientôt en relation avec *Dorat*, le plus froid & le plus frivole des littérateurs de son siecle, ayant le talent de la versification, mais fort ignorant d'ailleurs, s'acharnant dans les petits vers dont chaque matin il inondoit la toilette des dames, & chaque soir le foyer des comédiens, à faire la guerre aux savans & à les tourner en ridicule, à brocarder les académiciens & les encyclopédistes.

Ce M. *Dorat* avoit une extrème facilité à versifier, à arranger agréablement des mots. Cette facilité nuisit à sa réputation. S'il se fût borné à ne faire qu'un demi-tiers de ses ouvrages, & à les corriger il eût passé pour un homme de génie ; mais il ne voulut qu'être l'homme du jour, l'homme dont on parle souvent.

Ariste & *Dorat* se liguerent contre l'académie & contre l'encyclopédie ; l'un les attaquoit par des déclamations oratoires, & l'autre les épigrammatisoit dans ses petits vers. Un scandale affreux ne tarda pas à dénouer des liaisons que l'estime n'avoit pas établies. On entendit l'anti-philosophe *Dorat* se plaindre hautement d'*Ariste*, & former contre lui une accusation grave.

Ces plaintes retentirent dans un moment où celui-ci, quittant le barreau, alloit faire un long voyage. Le Duc de *Chaulnes*, alors Duc de *Pequigni*, qui vouloit aller en Egypte & de là en Chine, devoit le mener avec lui. On lui en avoit parlé comme d'un jeune homme d'efprit, ayant des connoiffances en littérature, & quelque teinte d'hiftoire naturelle. Le Duc de *Chaulnes* l'agréa pour fecrétaire ; il étoit bien aife de fe donner pour compagnon de voyage une perfonne inftruite & qui avoit déjà quelque célébrité. Son choix étoit décidé, mais le bruit d'un efcamotage fait au poëte *Dorat*, fe répandit dans Paris ; le Duc de *Chaulnes* averti par l'abbé *Ray*, fon ami, veut favoir la vérité de ce bruit. Il court chez *Dorat* qui raconte le fait & toutes les circonftances. ,, Si ,, le diable, ajoute-t-il, fe mêle encore ,, des affaires de ce bas monde, je dois ,, croire que l'enlévement de mes *ac-* ,, *tions* eft un de fes tours de paffe-paffe ; ,, mais s'il ne s'en mêle plus, je ne puis ,, que foupçonner *Arifte* : c'eft certaine- ,, ment l'un des deux, le diable ou lui. ,,

Il n'en fallut pas davantage au Duc de *Pequigni* pour s'en aller en Egypte fans un pareil compagnon de voyage.

L'éclat que fit cette aventure alloit en augmentant ; *Arifte* prit de l'humeur contre *Dorat* : il cria à la calomnie, au calomniateur, & *Dorat* de fon côté, fans vouloir rien décider, perfifta à dire

qu'il ne pouvoit foupçonner que le diable ou *Arifte*, & que fi ce n'étoit pas
l'un, c'étoit l'autre.

Dans la fuite *Arifte* eut de *Dorat* une
atteftation qui démentit le bruit public.
Celui ci, qui fe plaignoit plus que jamais
de l'Académie françoife, laquelle le re-
pouffoit de fon fein, enchanté qu'*Arifte*
eût déclaré une guerre ouverte à cette compagnie & à tous fes membres, lui
écrivit une lettre juftificative , dont
Arifte fe contenta.

IV.

*Arifte publie divers ouvrages; il veut être de
l'Académie françoife.*

C'EST ici que nous devons voir le lit-
térateur dans *Arifte* , & nos lecteurs
pourront croire que le feul fervice qu'*A-
rifte*, en fe faifant auteur, ait rendu à la
fociété, c'eft d'avoir procuré des fpé-
culations aux imprimeurs & d'avoir fait
vendre du papier aux fabriquans.

Voltaire avoit fait *le fiecle de Louis
XIV*; c'étoit un tableau rapide, intéref-
fant, autant par le coloris que par la
vérité des perfonnages & l'impartialité
dans le récit des faits.

Arifte finge d'un grand homme, crayon-
na *le fiecle d'Alexandre*, & peu de per-

fonnes lurent l'ouvrage. Tout y parut froid, fec, fingulier ou bifarre, & furtout foiblement efquiffé.

La chûte des jéfuites exerça la plume de quantité d'écrivains. M. d'*Alembert* donna un morceau, petit à la vérité, mais piquant par une foule d'anecdotes, & tracé par l'impartialité. dont s'eft toujours piquée la philofophie. On ne voyoit point de grands traits ; malgré cela, on le lut avec intérêt & plaifir. *Arifte* voulut le furpaffer & donna en deux volumes l'hiftoire de cette fameufe compagnie de religieux. C'étoit un croquis ; les faits effentiels y font paffés fous filence : M d'*Alembert*, par fon ouvrage fur les jéfuites, déplut à Verfailles, & fut en conféquence privé de la penfion de l'Académie des fciences ; *Arifte* par le fien fur le même fujet, déplut au Parlement, qui le fit brûler ; c'eft tout l'honneur qu'il en retira.

Après l'hiftoire des jéfuites, *Arifte* donna le *feizieme fiecle*. C'eft un bon livre, & le meilleur, fans contredit, qu'ait publié *Arifte*. Tous les grands événemens y font paffés en revue avec une rapidité qui décele le germe d'un grand écrivain ; il n'y a de réflexions que ce qu'il en faut pour faire reffortir les faits & les rendre utiles. Le lecteur en lifant cet ouvrage eftimable, y voit avec peine quelques néologifmes, dont *Arifte* n'a jamais cherché à purger fon ftyle.

A la suite de cette production, *Arifte* fe jetta fur l'abbé *La Bletterie*, & quand il eut vilipendé le traducteur de *Tacite*, il décocha des épigrammes à la plupart des membres de l'Académie françoife; il donna enfuite une traduction du théâtre efpagnol; il étoit déjà un auteur très volumineux, mais il n'étoit point encore compris au nombre des grands écrivains; la plupart de fes idées étoient fingulieres & bifarres; parlant de *Néron* comme d'un bon Empereur, & de *Tibere* comme d'un grand-homme que les hiftoriens avoient lâchement calomnié; canonifant le defpotifme comme le meilleur des gouvernemens, & prétendant qu'il étoit abominable de cultiver le bled, voulant qu'à cette nourriture l'homme eût préféré de manger du gland. Qui parle ainfi mérite de s'en nourrir.

Dans le temps qu'il faifoit pleuvoir fur les divers membres de l'Académie françoife une grêle d'épigrammes, il y eut une place vacante à cette Académie, & il ofa y prétendre. Pour cela il s'agiffoit de s'affurer du fuffrage de M. d'*Alembert*; ce fuffrage devoit lui en valoir plufieurs autres. En conféquence le frere d'*Arifte* fut députe au philofophe, dont les mœurs étoient douces & l'efprit conciliateur, qui étoit incapable de haïr & qui n'avoit point encore à fe plaindre d'avoir été attaqué perfonnellement. Cependant à la demande d'un

(15)

fauteuil à l'Académie pour *Ariste*, le philosophe fut prodigieusement interdit, mais il ne se déconcerta pas.

„ Je le veux bien, dit M. d'*Alembert*
„ au frere d'*Ariste*, je présenterai votre
„ frere ; je me charge même de rame-
„ ner tous ceux de mes confreres qu'il
„ a aliénés par ses épigrammes & par
„ ses injures ; mais pour réussir il me
„ faut deux certificats ; l'un du valet-
„ de-chambre de M. le Prince de B***,
„ & l'autre de M. *Dorat*. En voici la
„ raison : aussitôt que je parlerai de vo-
„ tre frere, je dois m'attendre qu'on s'é-
„ levera contre moi, en rappellant l'his-
„ toire du dépôt qui lui fut confié en
„ Espagne, & l'histoire des actions de *Do-*
„ *rat*. Je montrerai ces deux certificats ;
„ c'est ainsi que je fermerai la bouche à
„ tous les ennemis de M. votre frere ;
„ alors je ferai valoir ses titres litté-
„ raires, & malgré la bisarrerie de ses
„ opinions sur le despotisme, je me fais
„ fort de les ramener. Allez ; apportez les
„ deux certificats, & la place vacante
„ de l'Académie est à lui. „

Ariste avoit trop d'esprit pour ne pas démêler le piege que lui tendoit le rusé d'Alembert ; il ne s'amusa pas à quêter ces certificats ; mais perdant toute es- pérance d'être jamais admis au nombre des quarante, il se met à broyer du noir ; & peu de temps après cet événement, il publie un livre intitulé, *les Docteurs mo-*

dermes ; c'eſt dans ce livre qu'il ſoutient que la philoſophie eſt une choſe abominable, que les philoſophes ſont des gueux, les hommes de lettres des charlatans, les académiciens des ignorans, & que M. d'*Alembert*, jad s ſon prôneur & ſon appui, eſt un ſot, un mauvais écrivain & un pauvre géometre.

Tout cela fut prouvé à merveilles & embelli du ſtyle d'*Ariſte*.

V.

Le Duc d'Aiguillon prend Ariſte pour ſon Défenſeur ; l'ordre des Avocats le biffe de ſon tableau.

Un cri univeſel s'élevoit depuis quelques années contre la conduite qu'avoit tenue en Bretagne M. le Duc d'*Aiguillon*. On lui imputoit des actes oppreſſifs d'autorité, qui, quoique faits au nom du Roi, n'en révoltoient pas moins la province : ſes ennemis vouloient qu'à un abominable deſpotiſme il eût encore joint les coups d'une vengeance particuliere, & qu'à ſa vengeance il eut mêlé de ces crimes ſecrets, dont le ſeul ſoupçon fait frémir toute l'eſpece humaine.

Pour étouffer ces horribles clameurs, & ſur les inſinuations du Chancelier *Maupeou*, M. le Duc d'*Aiguillon* demanda à être jugé par le Parlement de Paris.
Plus

plus de cent témoins furent appellés de la Bretagne pour venir dépofer ; il importoit au Duc d'*Aiguillon* d'avoir pour défenfeur un avocat qui eût de la célébrité, & la difcuflion de fes intérêts fut confiée à *Arifte*, dont la réputation, comme jurifconfulte, alloit d'année en année en augmentant. Ce Seigneur ne pouvoit choifir ni un meilleur, ni un plus infatigable, ni un plus ardent, ni un plus adroit champion : ce travail lui coûta des peines inouies, il fallut faire le dépouillement de plufieurs charretées de papiers & de procédures. Le mémoire de défenfe qui parut à la fuite de ce travail, étoit très volumineux, & ennuyeux par fes détails, mais annonçoit en même tems tout ce qu'il pouvoit en avoir coûté de veilles & de travail pour le faire.

Tandis'que devant le public, *Arifte* plaidoit pour l'honneur du Duc d'*Aiguillon*, & laiffoit tout au moins les opinions en fufpens, le Parlement raffembloit dans fes greffes, les dépofitions de plus de cent témoins ; & *dans ces dépofitions*, ai-je entendu dire à un Magiftrat du Parlement, *il n'y avoit pas de quoi fouetter un chat.*

Le Chancelier *Maupeou* qui avoit déterminé le Duc d'*Aiguillon* à porter le procès au Parlement de Paris, donna l'allarme & fit entendre que l'affaire prenoit une mauvaife tournure ; peut-être

B

le craignoit-il, car on ne peut guere juger des intentions.

Louis XV qui aimoit le Duc d'*Aiguillon*, & qui craignoit qu'un jugement définitif ne lui coûtât, ainsi qu'à *Lally*, la vie & l'honneur, arrêta la procédure.

Le Parlement offensé de ce coup d'autorité auquel il ne s'attendoit pas, représenta au Roi qu'il n'étoit point le maître d'arrêter le cours de la justice, quoique cette justice fût rendue en son nom, que son droit de Roi se bornoit à faire grace au Duc d'*Aiguillon*, si la loi le trouvoit coupable, mais qu'il ne pouvoit empêcher qu'il ne fût jugé.

Le Roi, à son tour, se trouva offensé des remontrances de son Parlement, & fit enlever du greffe toute la procédure commencée contre le Duc d'*Aiguillon*; le Parlement se vengea de cet enlévement, en déclarant ce Seigneur *entaché* des crimes qu'on lui imputoit.

Les esprits s'aigrirent, & le Chancelier *Maupeou* soupçonné de vouloir engager une grande querelle entre le Roi & le Parlement, dont il avoit à se venger, détermina *Louis XV* à tenir un lit de justice, dans lequel on défendit à tous les Parlemens de s'intituler *classes de Parlemens*, *unité de Parlemens*; de quitter leurs fonctions, & on leur prescrivoit des régles pour leurs remontrances.

Ce lit de justice & l'édit qu'on y avoit publié déplurent au Parlement: il quitta

fes fonctions; c'étoit une *forfaiture* : le
Roi fe refufa, l'efpace d'un mois, à le
punir; ne pouvant le réduire à la fou-
miffion, il fe décida à le caffer & à en
créer un nouveau.

La plupart des Avocats déferterent
le barreau de Paris & fe tranfplanterent
en province auprès des Confeils-Sou-
verains. *Arifte* moins fcrupuleux & ca-
reffé par *Maupeou*, ayant à fe plaindre
& du Parlement qu'on avoit diffous, &
des Avocats fes confreres, tint bon; il
ne refufa point fa plume aux malheu-
reux plaideurs; délivré de fes rivaux il
fut chargé des caufes d'un grand éclat :
ce fut lui qui plaida pour le Comte de
Bombelles, né catholique, qui vouloit fe
féparer de fa femme, née proteftante,
& dont il avoit eu des enfans ; dans
ce procès il obtint un triomphe com-
plet, & ce triomphe fut bientôt fuivi
d'un autre non moins éclatant, en faveur du Comte de *Morangiés*, accufé
d'une efcroquerie de cent mille écus.

La deftinée d'*Arifte* dans le barreau
fut d'amaffer quelque gloire, quelqu'argent & de fe faire beaucoup d'ennemis,
Sa langue diftilloit dans toutes fes plai-
doieries le farcafme & l'ironie, tantôt
contre les jugeurs & tantôt contre
fes confreres, & il fe vit tour à tour
femoncé, & par le Parlement fur les
conclufions de l'Avocat-général, & par
l'ordre des Avocats.

L'ancien Parlement fut rétabli ; *Ariste* qui avoit plaidé au tribunal du nouveau, plaida encore sous celui qui fut remis en place. Sa langue mordante lui attira une querelle avec l'avocat Gerbier, son compétiteur en éloquence. L'affaire fut portée au tribunal des confreres qu'on nomme l'ordre des Avocats : c'est une justice correctionnelle & fraternelle qu'ils exercent entr'eux, & que le Parlement tolere.

Au nombre des griefs dont il fut chargé devant ce Tribunal, on mit celui d'avoir violé un des statuts de l'ordre ; celui qui prescrit de ne rien exiger des plaideurs. Les membres de cet ordre ont la vanité, attendu que leur profession est libre, de vouloir défendre les plaideurs généreusement & gratuitement : il est vrai que cette générosité de leur part est souvent très coûteuse pour ceux-ci.

On produisit contre *Ariste* des lettres au Duc d'*Aiguillon*, par lesquelles il réclamoit le salaire de son travail ; ses lettres écrites dans le secret, & produites indiscretement, donnerent une mauvaise tournure à l'affaire. Pour parer au coup qui le menaçoit, *Ariste* s'humilia, demanda pardon à ses confreres, leur fit esperer un amendement, rejetta ses fautes sur sa jeunesse & son inexpérience, & chercha, par ce profond abaissement, à échapper à l'affront & à l'ignominie qu'on lui préparoit.

Près de quatre-vingts Avocats, touchés de l'attrition qui paroissoit dominer *Ariste*, opinerent à renvoyer son jugement à un délai de six mois : ces six mois devoient être un temps d'épreuve & de pénitence, au bout duquel, si en plaidant il sortoit encore des bornes de la décence & de l'honnêteté, il devoit être pour jamais exclu du barreau.

Ce noviciat ne fut pas de l'avis du grand nombre : sa partie adverse l'emporta, & *Ariste* fut jugé rigoureusement d'après ses demandes au Duc d'*Aiguillon*, comme violateur d'un statut d'honneur, & en conséquence biffé sur le tableau du rang des Avocats.

V I.

Ariste se fait journaliste; querelle avec les Auteurs; querelle avec le Garde-des-sceaux. Vengeance du Garde des sceaux.

ARISTE étoit humilié, mais n'étoit point abattu. Ne pouvant combattre dans le barreau, il entra dans une carriere où les luttes d'esprit sont journalieres : il chercha dans les défrichemens des landes de la littérature, à se faire, par son talent d'écrivain, une ressource pour exister. Il se mit à la suite du libraire *Pankoucke*, & commença une guerre ouverte avec quelques beaux esprits.

Jufqu'alors c'étoit un lion enchaîné, réduit même à étouffer fes hurlemens, & à ne point déployer fes griffes. Quand une fois il eut obtenu la permiffion de parler des littérateurs & de juger leurs ouvrages, il fe jetta fur les uns & fur les autres, vantant la médiocrité, attaquant fans relâche l'académie françoife, & la plupart de fes membres, tirant fans ceffe fur M. d'*Alembert*, oubliant qu'il en avoit été aimé & fervi, s'acharnant à le vilipender & à fe venger de la demande de deux certificats, que celui-ci lui avoit faite pour le mettre en bonne compagnie, parlant de M. *de la Harpe* avec le ton des femmes de *la Halle*, qui s'amufent à dégorger des injures aux paffans. MM. *Marmontel*, *Morellet*, St. *Lambert*, l'Abbé *Arnaud*, &c. &c. perfonne n'étoit exempt de payer tribut à fa méchanceté.

Cette guerre ouverte qu'il faifoit aux hommes de lettres, lui laiffoit encore le temps de harceler journellement, mais dans le fecret, M. le Duc *d'Aiguillon*, pour l'honneur duquel il avoit combattu. Il réclamoit, comme nous l'avons déjà dit, le fruit de fon travail : il eft bien vrai qu'il mettoit à ce travail un prix exceffif ; fon defir étoit d'engager un combat par écrit, mais le Duc d'*Aiguillon* refufoit de fe préfenter dans l'arène, craignant l'amertume du ftyle de fon adverfaire, & redoutant peut-

être encore plus le poids de fes raifons.

Le Comte de *Maurepas*, à la tête du
gouvernement, & oncle de M. d'*Aiguillon*, fe mêla de la querelle; mais en vieux
& habile courtifan, il fe tint derriere
le rideau, & remit la négociation entre
les mains du Garde-des-fceaux, M. *Hue
de Miromenil*, qui lui devoit fa place : le
vieux *Maurepas* conduifoit le fil de cette
négociation, & penfoit qu'*Arifte* ne faifoit des demandes exhorbitantes que pour
en obtenir de raifonnables. Il defiroit
furtout que celui-ci dédiât à fon neveu,
ex-miniftre, un livre quelconque; cet
hommage devoit effacer en Cour & dans
le public, le ridicule & l'odieux de n'a-
voir pas voulu payer l'Avocat qui l'a-
voit défendu.

Enfin, *Arifte* fut mandé par le Garde-
des-fceaux : ce Magiftrat mit à fa propofition un petit préambule de douceurs &
de platitudes; quand il crut avoir affez
chatouillé fon amour-propre, il lui offrit au nom de M. d'*Aiguillon* vingt-cinq
mille francs; mais à cette offre il mit
pour condition la dédicace du premier
ouvrage qu'il publieroit. *Arifte* regardoit l'argent qu'on lui offroit comme
un acte de juftice, & la dédicace qu'on
exigeoit comme une baffeffe. A peine le
Garde-des-fceaux eut-il hafardé la demande d'une dédicace, qu'*Arifte* lui répond froidement : *Monfeigneur allez vous*

faire F... Cette fiere réponfe étoit le comble de l'oubli de toutes les bienféances; mais la propofition du Garde-des-fceaux étoit de fon côté le comble de l'oubli des égards que tout homme, même en place, doit à l'homme de lettres. Elle ne pouvoit qu'humilier *Arifte*, qui, aux yeux de fes ennemis, auroit pafté pour avoir vendu fon encens & fes hommages à un Duc dont il avoit à fe plaindre, & auquel il étoit en droit de demander en juftice le fruit d'un long & pénible travail.

On penfe bien qu'une pareille réponfe interdit le Garde-des-fceaux : on le vit héfiter entre l'ordre de faire arrêter & emprifonner *Arifte*, & l'ordre de le faire chaffer de fa préfence par fes valets : ç'eut été ajouter le fcandale à la mal-adreffe; il prit le bon parti, celui & le feul qui convenoit à la réponfe d'*Arifte*, celui du filence, & de lui tourner le dos.

A ces marques de mépris, le Garde-des fceaux joignit bien tôt une vengeance, qu'un homme jufte, un Magiftrat philofophe ne fe fût pas permife. *Arifte* faifoit un *journal de littérature*; le Garde-des-fceaux ne le lui ôta pas, mais il dépêcha une défenfe à *Pankoucke* de l'imprimer. C'étoit ôter à *Arifte* la feule reffource qui lui reftât pour vivre en France.

VII.

Ariste voyage, il se rend chez M. de Voltaire, parcourt la Suisse; décoche une lettre aux Ministres François, & passe en Angleterre.

ARISTE se contiendra-t-il à végéter dans un pénible désœuvrement ? Ses confreres les Avocats lui ont ôté son état de Jurisconsulte ; le Duc d'*Aiguillon* lui refuse le payement de ses veilles & de ses sueurs ; le chef de la Magistrature lui ôte son journal, seule ressource qu'il s'étoit faite après avoir reçu l'affront de voir son nom effacé du tableau des Avocats : il s'agit de se dérober à l'oisiveté & à des persécutions qu'il eut encore pu essuyer en France, il se met à voyager, & les soucis qui l'entourent & l'affligent, voyagent avec lui. C'est avec cet importun cortege qu'il se présente à Ferney à la porte du château de M. de Voltaire. Le philosophe redoutant de s'en faire un ennemi, le reçut avec une sorte de politesse : la crainte accorde des égards à des personnes dont elle a intérêt de ménager l'humeur & les caprices, & dans ses accueils elle va souvent plus loin envers ces personnes qu'envers ceux qu'on aime & qu'on estime.

Tout le tems qu'*Ariſte* fut à Ferney, M. de Voltaire lui accorda tous les égards qu'il n'oſa lui refuſer; il étoit véritablement à la torture, le témoignant à tous ceux qui l'environnoient, & les conjurant de l'en débarraſſer poliment.

Nous arrivâmes, quelques jours après cette viſite, au château de Ferney, & quand nous parlâmes à M. de Voltaire, de l'honorable réception qu'il lui avoit faite : *oui*, nous dit-il, *je l'avois ſur mes épaules comme un fagot d'épines, & je n'avois pas la force de le ſecouer, tant je craignois, en le jettant à terre, d'en être déchiré.*

Le vrai, c'eſt que pendant les trois jours qu'*Ariſte* fut chez M. de Voltaire, il n'y fut pas à ſon aiſe; & que tous ceux qui s'y trouvoient étoient eux-mêmes dans la contrainte avec lui : il y rencontra M. l'Abbé *Mignot*, neveu du philoſophe, l'un des arcs-boutant du parlement *Maupeou*, & qui, pendant qu'il ſiégeoit dans ce parlement, avoit, ſur la dénonciation de M. de Vergès, Avocat-Général, opiné de mettre un bâillon à la bouche d'*Ariſte*; il y trouva M. d'*Hornoi*, Conſeiller alors du Parlement rétabli, & dont *Ariſte* avoit beaucoup à ſe plaindre. Madame *Denis*, niece de Voltaire, de ſon côté, ne voyoit en lui que l'ennemi & le détracteur de tous ceux, parmi les hommes de lettres, qu'elle aimoit & eſtimoit, de MM. d'*Alembert*, *Marmontel* & de *la Harpe*.

Ariste fut obligé de quitter Ferney après avoir essuyé les froideurs des deux neveux de M. de Voltaire, le ton de dignité de Madame Denis sa niece, qui faisoit les honneurs du château, & les cajoleries équivoques du malin, mais prudent vieillard.

De Ferney & de Genève, *Ariste* alla dans différentes villes de la Suisse, cherchant quelqu'endroit où il pût faire un établissement; mais la bonhommie & la prudence des Helvétiens déconcerterent tous ses projets; on étoit prévenu contre lui, & lorsqu'il leur parloit de se fixer parmi eux, il ne sentoit de leur part qu'indifférence & repoussement. (*)

(*) La lettre suivante que nous tenons de celui même à qui elle fut écrite, confirme ce que nous avançons.

*A M. D. D. C***, *Bruxelles*, 10 *Février*.

„ Je suis très sensible, Monsieur, à la peine que vous avez prise de m'écrire, certainement si vous m'aviez convaincu, je n'hésiterois pas de faire la rétractation que vous désirez; mais votre lettre ne m'a pas fait changer d'opinion : elle me prouve que vous êtes trompé, assurément, vous même, & & non pas que je l'aie été & que j'aie induit le public en erreur.

„ Je n'ai jamais été chez Madame *Denis*; je me suis trouvé chez M. son oncle quand elle y étoit, ce qui est fort différent.

„ Je n'ai eu l'honneur de la voir que deux jours à table ou sur sa chaise longue, se plaignant sans

Les courses d'*Ariste* étoient moins agréables que pénibles : l'humeur qui ne cesse

---

cesse de ses étouffemens, de ses douleurs de rate, & me témoignant une froideur qui auroit pu être prise pour de l'impolitesse, parce que je n'étois pas l'ami de ses amis. Hors le frere *Adam*, j'étois entouré d'esprits très mal intentionnés.

,, Le respectable vieillard, respectable par ses talens & par son âge, fut le seul qui m'accueillit de bonne foi : j'ai eu avec lui trois conférences tête-à-tête, que sa famille ne souffrit que parce qu'elle ne put les empêcher, & qu'elle abrégea chaque fois le plus qu'elle put. On seroit surpris si j'en donnois le détail : vous verriez, Monsieur, que M. de Voltaire n'étoit pas si pénétré que vous le croyez de l'attachement de ses héritiers, & sur cet article mes yeux m'en ont autant appris que sa bouche.

,, Je ne lui ai dissimulé aucune de mes idées, même sur sa conduite à lui ; je les lui ai exposées avec tout le ménagement dû à son âge & à sa présence, mais avec une franchise dont il m'a avoué qu'il étoit plus flatté que de l'encens dont on le fatiguoit, quoiqu'il aimât assez cette odeur. J'ai eu lieu de me convaincre qu'on le trompoit cruellement, qu'on ne lui laissoit savoir que ce qu'on vouloit qu'il sût, & que beaucoup de démarches & d'écrits, qu'on lui a reprochés, n'étoient que le fruit d'une impulsion étrangere ; enfin, j'ai vu le germe de tout ce qui s'est développé depuis, pour son malheur.

,, Quand je me suis expliqué de son vivant sur sa protestation de catholicité, je n'ai fait que publier le fonds de mes conférences avec lui.

,, Quant à sa bibliotheque, ce n'est point une vente, dites-vous ; mais la cession, l'abandon, le présent, ce que vous voudrez, qu'on en a fait, n'en a pas moins valu cinquante mille écus. Vous seu-

foit de le dominer, lui dicta une lettre violente contre les Miniſtres François;

---

venez-vous, Monſieur, de l'hiſtoire des deux béné-ficiers, dont l'un vouloit céder ſon bénéfice à l'autre pour de l'argent, ſans cependant être ſimoniaque. Ils imaginerent de gager; l'aſpirant paria mille louis contre le pourvu qu'il ne lui réſigneroit pas ſon abbaye : la réſignation ſe fit, les mille louis furent délivrés, & il n'y eut pas de ſimonie. Voilà comment la bibliotheque de l'auteur de *Zaïre* a paſſé à St Pétersbourg ſans qu'il y ait eu de vente.

„ J'ignore pourquoi ſa niece a vendu ſa terre, & ne m'en embarraſſe pas. Je ne ſuis pas l'inſpecteur de cette famille; je ſais que moi, neveu de M. de Voltaire, je n'aurois laiſſé ſortir ni ſon château de mes mains, ni ſes cendres de ſon château : je les aurois dépoſées dans un monument dont je me ſerois fait le gardien; je leur aurois épargné l'affront mérité qu'elles ont reçu des Eccléſiaſtiques, & laiſſant à ſon ame le ſoin d'expier ſes fautes, j'aurois, pour mon propre bonheur, prodigué à ſes dépouilles mortelles tout ce que la tendreſſe, le reſpect, la reconnoiſſance peuvent inſpirer d'attentions profanes.

„ La réſerve des maiſons de Ferney pour la niece, qui le déteſte, n'a rien de méritoire, puiſqu'elles ſont vendues viagerement ſur ſa tête; quel prix auroit-elle trouvé dans cet uſufruit ?

„ Sur tout le reſte de votre lettre, je crois, Monſieur, que j'ai des renſeignemens plus ſûrs que les vôtres. J'étois à Geneve dans le tems de la mort du célébre & infortuné vieillard, & j'ai appris de cruelles & d'inconteſtables vérités, tant ſur lui que ſur ſes entours. J'ai l'honneur, &c. „

Nous ne nous amuſerons pas à commenter cette réponſe d'*Ariſte* ; mais nous croyons pouvoir aſſurer que M. de Voltaire ſe repentit de l'avoir reçu dans

il expofoit leurs divers caracteres & les diverfes allures des *Maurepas*, des *Sarti-nes*, des *Vergennes*, des *Miromenil* & des *Amelot*, le plus bête de la bande. Parmi ces Miniftres, il y en avoit qui n'a-voient point le fuffrage public. *Maurepas* avoit indifpofé beaucoup de perfonnes, en tramant fourdement le renvoi de M. *Turgot*, grand-homme d Etat. *Amelot* qui avoit le département de Paris, paffoit pour inepte, & n'avoit été chargé de ce miniftere que parce que *Maurepas* avoit vécu dans l'intimité de fa mere. *De Ver-gennes* avoit des prôneurs, mais n'en

---

fon château, que le temps lui dura d'en être dé-barraffé, qu'il n'eut jamais avec lui aucun entre-tien particulier, qu'il avoit recommandé à fes ne-veux de ne poiet le laiffer feul avec *Arifte*, mais d'ufer de grands ménagemens à fon égard pour ne pas s'en faire un ennemi implacable. Peu de jours après le départ d'*Arifte*, nous arrivâmes au château de l'erncy, & voilà ce que nous apprîmes. Nous apprîmes encore que M. de Voltaire ne l'eftimoit pas, qu'il le regardoit moins comme un bon écrivain que comme un écrivailleur infatigable, n'employant du papier, de l'encre & des plumes que pour ga-gner fa vie.

Ajoutons encore qu'*Arifte* fait un menfonge bien groffier en affurant que les écrits & les démarches de M. de Voltaire lui étoient infpirés par des voies étrangeres. C'étoit bien peu connoître l'homme que d'avancer un pareil fait. Nous fommes un peu plus en droit que lui d'affirmer que dans tout le cours de fa vie, M. de Voltaire écrivit & agit toujours fans prendre confeil de perfonne.

étoit pas moins regardé par ceux qui fe connoiffent en hommes, comme un Miniftre dont les opérations devoient tôt ou tard produire en Europe de grands événemens.

Arifte étoit sûr de plaire par fa diatribe; auffi eut-elle un fuccès qui aggravoit le crime de l'avoir publiée. Toutes les mouches de la Police furent mifes en mouvement pour l'arrêter : on eut beau emprifonner des colporteurs, la lettre fit fon effet; elle étoit femée de ces anecdotes dont la malignité humaine aime à fe repaître. La plupart d'entre ces Miniftres étoient couverts de ridicules & de honte. Voltaire vit cette lettre, & après l'avoir lue, il dit en parlant de fon auteur, *cet homme eft pire que l'Aretin.*

VIII.

Arifte s'établit en Angleterre, il propofe une foufcription pour la collection de fes ouvrages ; il commençe fes annales politiques.

L'ANGLETERRE fut le théâtre qu'*Arifte* choifit pour lever les tréteaux de fon charlatanifme : ce fol lui convenoit d'autant mieux, que, la plume à la main, il pouvoit en toute liberté fe venger de ceux dont il avoit à fe plaindre, des Miniſtres François à qui il reprochoit de l'avoir vexé; du Parlement qui l'avoit tancé; du Garde-des-ſceaux qui, pour empêcher qu'il n'imprimât ſes défenſes contre ſes ennemis, faiſoit & défaiſoit des arrêts du Conſeil; de M. le Duc d'*Aiguillon* qui lui refuſoit le ſalaire de ſon travail, & vouloit, en le payant, exiger une dédicace; de l'Académie françoiſe qui l'avoit repouſſé de ſon ſein; de l'ordre des Avocats qui l'avoient rayé du tableau; de M. d'*Alembert* qui lui avoit demandé deux certificats; de M. *de la Harpe*, qui, en ennemi peu délicat, s'étoit emparé de ſon journal & de ſa dépouille.

Ariſte débuta en Angleterre par tenter une entrepriſe conſidérable : il annonça à l'Europe la collection entiere de ſes ouvrages, imaginant être en littérature un homme aſſez important pour amorcer la curioſité d'une vingtaine de milliers de perſonnes, toutes aſſez généreuſes pour concourir à la fortune d'*Ariſte*. Cette ſouſcription fut propoſée inutilement; on fut ſourd à ſon appel & à ſes invitations. En effet importoit-il beaucoup aux Anglois & aux deux tiers de ſes autres lecteurs, de ſavoir qu'*Ariſte* avoit rompu une lance en faveur du célibat clauſtral, que les Jéſuites étoient de fort honnêtes gens, qu'on avoit eu tort de leur ôter l'enſeignement & la direction des Rois, & que le Parlement

avoit

avoit eu tort de les détruire, parce
qu'ils avoient fait, fous le nom du pere
La Valette, une banqueroute de trois mil·
lions.

Il n'importoit pas davantage, ni aux
Anglois, ni aux Allemands de favoir
que *Néron* & *Tibere* étoient de grands
& de bons Empereurs; qu'il valoit mieux
être ferf d'un defpote que fujet d'un
Roi, & que les glands étoient une nourriture préférable au froment.

L'entreprife d'*Arifte* fut infructueufe :
il ne trouva ni foufcripteurs ni imprimeurs qui vouluffent courir les hafards
des avances; mais il fut plus heureux
dans les *Annales politiques & littéraires*,
qu'il publia; elles eurent un fuccès auquel il ne s'attendoit pas: c'eft dans ce
journal qu'il fe mit à raifonner à perte
de vue fur les affaires politiques de l'Europe, faifant le prophete, fe don-
nant les airs d'annoncer les événemens,
& ayant foin, fi l'événement arrivoit,
de faire obferver à fes lecteurs que c'é-
toit d'après fes idées que tout s'arran-
geoit en Europe: on ne mit jamais tant
d'importance à écrire un journal; ne
parlant que de lui, ramenant tout à foi,
& voulant forcer fes lecteurs à s'occuper de lui, à prendre intérêt à lui, à fes
aventures.

On le vit fans aucun ménagement fe
déchaîner contre fes ennemis en littérature : plus on avoit de réputation, plus

on avoit droit à fes caufticités : celui qui fut le plus expofé à fes amertumes, fut M. d'*Alembert*, jadis fon guide & fon appui ; il le harceloit & l'affligeoit fans difcontinuer. M. de *la Harpe* n'étoit point ménagé ; c'étoit fous le nom burlefque de *Harpula* qu'il le défignoit, n'employant jamais pour le combattre que le ton de la bouffonnerie & le ftyle des *Garraffes*.

En notre langue nous n'avons rien de plus mavais goût que tout ce qu'il écrivit contre lui. Chaque réception à l'Académie françoife étoit un fujet de fatyre ; les défauts du récipiendaire étoient mis à découvert, il en trouvoit à ceux qui n'en avoient pas ; n'épargnant ni l'homme de Cour qui étoit admis à occuper un fauteuil dans cette compagnie, ni le fimple homme de lettres. Tout cela plaifoit à la médiocrité toujours inclinée à la malignité, & à l'envie qui fe nourrit de couleuvres.

L'ame d'*Arifte* goûtoit à Londres le doux plaifir de tourmenter une infinité de perfonnes qui habitoient Paris ; mais il fut bientòt lui-même environné de craintes ; depuis plus d'un an il faifoit la guerre tout feul : il ravageoit les campagnes ennemies, & perfonne n'ofoit s'y oppofer ; il triomphoit lorfqu'une allarme fubite fut portée dans fon camp : un bruit fourd fe répandit tout à coup, qu'on alloit imprimer fa *vie*. A ce bruit, qu'on imagine voir un taureau au milieu des

champs, piqué par une guêpe, & dans
fes fureurs s'exhalant en longs mu-
giffemens. Tel *Arifte* dans fes emporte-
mens, accufant celui-ci, accufant celui-
là : il fait, dit-il, d'où part le coup ; il
en aura vengeance ; il fait que M. de *la
Harpe* eft le metteur en œuvre ; il fait que
c'eft chez M. d'*Argental* que fe trame
contre lui cette œuvre du démon ; il con-
noît ceux qui s'y raffemblent & qui four-
niffent les mémoires. La juftice lui en
fera raifon ; toute l'Europe retentit de
fes menaces.

Enfin, de quoi étoit-il queftion ? de
rien du tout ; on n'avoit penfé à lui que
pour dire qu'il étoit un méchant, & tout
le monde étoit en droit de le dire. C'é-
toit une fauffe allarme qu'il avoit prife ;
les ames coupables y font plus fujettes
que les autres.

I X.

*Arifte quitte l'Angleterre & s'établit à
Bruxelles.*

CEPENDANT *Mars*, & de nos jours pour
la premiere fois appuyé fur la raifon,
embouche la trompette guerriere : *levez-
vous, morts*, crie ce Dieu au fon de cette
trompe ; *levez-vous, Américains, de la pouf-
fiere où vous êtes indignement couchés.* Treize

cantons entendent cette voix toute-puiſſante, qui du tombeau de l'eſclavage, où ils ſont enſevelis, les appelle à la lumiere, à la vie, à la liberté ; voix que tous les peuples entendroient s'ils écoutoient leurs intérêts, ou ſi leurs ames engourdies par une trop longue torpeur, n'étoient enchaînées par la crainte & la poltronerie.

Au premier mouvement, au premier ſigne de vie que donnerent des milliers d'oſſemens épars dans les champs de l'Amérique ſeptentrionale, la France, pour accelérer la réſurrection, leur tendit une main ſecourable. L'Angleterre s'en indigna, frémit, & dans les rugiſſemens d'une profonde douleur, vomit ſur l'océan ſes nombreuſes flottes.

Ariſte craignant que, s'il reſtoit ſur des rives ennemies, on n'arrêtât en France le cours de ſes *Annales*, veut revenir dans ſa patrie ; mais il n'oſe ſe fier à une adminiſtration qu'il a outragée dans tous ſes membres : pour mériter une indulgence pléniere, il écrit à M. de *Vergennes*, à ce même Miniſtre qu'il a vilipendé, & prenant le ton d'un bon ſujet françois, il dit que des ſentimens patriotiques le rameneront en France, ſi on veut lui pardonner. M. *de Vergennes* fit ſemblant de le croire, quoiqu'il vît bien, comme nous le ſavons, que le ſeul intérêt le guidoit, c'eſt-à-dire, la terreur qu'on ne lui coupât les vivres, en empêchant que les *Annales politiques* n'entraſfent en France. Le Miniftre répondit qu'il pouvoit venir continuer fes travaux littéraires en France, étant *bien perfuadé que le Roi, ni la religion, ni l'Etat n'y feroient point attaqués.*

Sur cette fauve-garde bien folemnelle & bien authentique, *Arifte* revint à Paris : il hafarda une vifite à quelques Miniftres, mais l'accueil qu'il en reçut, lui annonça qu'il avoit tout à craindre ; il crut qu'il étoit de fa prudence de s'éloigner de Paris ; il tenta de nouveau de s'ancrer en Suiffe, enfin après avoir erré quelque temps de pays en pays, & traînant à fa fuite une femme qui avoit quitté fon mari & fes enfans ; il s'arrêta à Bruxelles & reprit fes Annales.

C'eft alors qu'on le vit parler en connoiffeur de paix & de guerre, difant les torts réels ou prétendus de la politique, jugeant les opérations d'Etat, dévoilant, on ne peut mieux, les fecrets des cabinets, prononçant fur les mouvemens des armées navales, annonçant des vainqueurs & des vaincus, &, fans jamais fe tromper, la plume à la main, réglant le fort des nations.

Dans la république des lettres il régloit auffi le fort des écrivains, affignant à un chacun la place qu'il croyoit lui être due ; il en vouloit aux philofophes dont il n'avoit effuyé que les dédains, & même une profonde méfeftime : pour avoir droit de parler d'eux, il se déclara le *Don Quichote* de la religion. Il falloit un titre à sa mission, il hasarda pour l'obtenir une lettre au Pape, & demanda son approbation pour les molester. Mais Rome ne voulut pas reconnoître son apostolat, & le Cardinal de *Bernis*, à qui il avoit adressé ses pieuses suppliques pour obtenir le titre de missionnaire *in partibus philosophorum*, ne fit que rire du saint zele & des catholiques intentions de notre bon apôtre. (*) Ainsi que *Fréron*, de son temps, l'une des lumieres & l'un des plus fermes appuis du christianisme, rue St. Jacques, *Ariste* se mit à défendre la religion, les mœurs & le goût.

Une chose plaisante étoit de voir un homme qui, au milieu de Bruxelles, n'alloit point à la messe, qui étoit en querelle avec l'Evêque de Malines, pour ne pas faire ses pâques, se donner pour l'appui de la religion; de le voir parler de mœurs, alors qu'il traînoit avec lui, & cela avec autant de ridicule que d'ignominie, la femme de son prochain; de le voir parler de goût, tandis qu'il maltraitoit horriblement la langue françoise, écrivant avec une incohérence d'idées,

---

(*) On avoue que ceci n'est rapporté que sur un bruit généralement répandu alors, & sur une lettre datée de Rome, & dans laquelle on parloit de ses demandes au Cardinal de *Bernis*.

& une violence d'expreſſions qui ex-
cluent le bon goût.

***

X.

*Ariſte aſſocie un Genevois à ſes travaux poé-
tiques, littéraires & politiques; querelle
d'Ariſte avec M. d'Eſprémenil.*

EN 1778, *Ariſte* voulant, quoique prê-
cheur de religion, eſquiver la commu-
nion paſcale à Bruxelles, & éviter une
noiſe avec ſon Evêque, vint à Geneve : il y trouva M. *Mallet du Pan*, uni-
quement connu alors par quelques courſes
ſes en Allemagne, & par les ſoins géné-
reux que dans ſa jeuneſſe on avoit eus
pour lui dans le château de Ferney : c'é-
toit l'homme qu'il lui falloit, ayant une
grande ſingularité dans les idées, de l'â-
creté dans le ſtyle & dans la volonté,
une diſpoſition prochaine à ne vouloir
gagner ſa vie qu'avec ſa plume, & à paſſer ſon tems noblement à juger les écrivains, & à régler les affaires d'Etat.

Ariſte inocula *Mallet du Pan*; le virus
de ſes opinions fermenta heureuſement,
& l'éruption ne tarda pas à ſe manifeſ-
ter; l'opération réuſſit à merveilles, &
moyennant une eſpece de capuchon mo-
nachal, dont il affubla la tête du Genevois, il en fit en peu de jours un anti-

philofophe, un anti-républicain, un anti-Anglois, un anti-François, un anti-Ruffe, un anti-académicien, un anti-parlemen-taire & un anti-économifte.

Déjà un grand combat étoit depuis longtems engagé entre *Arifte* & les éco-nomiftes ; fon éleve fut deftiné à faire fes premieres armes contr'eux, & nous avouons qu'en parcourant les numéros où il eft queftion d'économie, on eft obli-gé de convenir qu'ils font écrits avec un ftyle foutenu & toujours correct.

Dans les volumineufes *Annales,* nous ne croyons pas qu'il y ait beaucoup de morceaux qui puiffent leur être compa-rés. On ne parle point ici ni du fond des chofes, ni de l'amertume dont ces chofes font affaifonnées.

Quoique l'un fût à Bruxelles & l'au-tre à Geneve, ils ne formoient entr'eux deux qu'un même tribunal, avec cette différence que *du Pan,* collaborant inco-gnitò, gardoit un profond fecret fur fes jugemens, & qu'*Arifte,* les mettant fous fon nom, s'en rendoit refponfable.

C'eft à ce tribunal que, deux fois par mois, on citoit impunément les acadé-mies & les Académiciens, les Miniftres & leurs opérations, les Rois & leurs œuvres, les Parlemens qu'on peignoit comme une aggrégation de *robinocrates,* à qui on imputoit & les révoltes de tous les ordres de l'Etat pendant la ligue, & les fcandales de la fronde, & la plupart des troubles de l'Etat. Livres, édits, arrêts, traités, police, tout étoit soumis à leurs difcuffions; ils prononçoient en dernier reffort, & par la voix de leurs *Annales*, leurs jugemens circuloient dans toute l'Europe.

Dans ces entrefaites M. le Comte de *Tolendal*, fils unique de l'infortuné *Lally*, obtint des Juges pour le rétabliffement de la mémoire de fon pere : le turbulent & fougueux d'*Efprémenil*, une intervention à la main, fe jetta parmi les Juges, & demanda, contre la loi, à être admis en qualité de partie adverfe de M. de *Tolendal*.

Arifte, qui autrefois avoit trouvé fort mauvais que des Confeillers du Parlement de Paris euffent fait couper la tête au Général *Lally*, trouva très indécent que M. d'*Efprémenil* vint fe mêler de cette affaire, & furtout très illégal que le Parlement de Rouen eût reçu fon intervention. Il ofa, dans fes Annales, dire ce qu'il en penfoit; M. d'*Efprémenil*, d'une humeur très peu endurante, le dénonça au Parlement de Paris comme auteur d'écrits féditieux & calomnieux; mais le Parlement fut affez fage pour ne donner aucune fuite à une pareille dénonciation.

Le fougueux Magiftrat humilié de ne pouvoir obtenir juftice de fes confreres contre *Arifte*, s'en prit à *le Quefne*, agent d'*Arifte* & chargé de la diftribution des

Annales ; mais joignant la mal-adreſſe à l'humeur qui le dominoit, il ſe préſenta chez *le Queſne* bien avant dans la nuit, pour le menacer avec éclat, de le citer au Parlement comme diſtributeur des poiſons & calomnies d'*Ariſte*.

Le Queſne ne vit point dans M. d'*Eſprémenil* le ſage Magiſtrat, mais un importun tracaſſier, & trouva très mauvais qu'il vînt le réveiller : la querelle entre M. d'*Eſprémenil* & *le Queſne* devint une affaire de police que le Commiſſaire termina en enjoignant au Magiſtrat de ne point empêcher le ſieur *Le Queſne* de dormir, & de ne pas porter vers le milieu de la nuit l'allarme dans la rue des Bourdonnois, en faiſant une eſpece de vacarme à ſa porte.

Cette querelle étoit à peine terminée qu'il s'en éleva une autre entre le Duc de *Duras* & *Ariſte*; ce Duc avoit gagné un procès d'honneur au Parlement de Rennes. *Ariſte* dans ſes *annales* oſa, d'une main hardie, caſſer l'arrêt de ce Parlement, aſſurant que le Duc de *Duras*, au lieu d'avoir raiſon, devoit être condamné lui-même, ſuivant toutes les loix & les regles de l'honneur, à perdre ſon procès.

Le Duc de *Duras* crut devoir ſe plaindre au Magiſtrat de la police, de la hardieſſe avec laquelle *Ariſte* oſoit le traduire ſcandaleuſement & d'une maniere ridicule, devant le tribunal du public. *Ariſte* ne répondit aux plaintes du Duc

que par des turlupinades très offenfan-
tes, & par une lettre qu'il rendit publique, & dans laquelle il s'amufa à le
plaifanter fur fon titre d'Académicien ,
& à jouer indécemment fur le bâton de
Maréchal de France qu'avoit le Duc de
Duras.

La caufe de ce Seigneur devint en
France la caufe de tous les grands : on
les entendit en Cour, à Paris, pouffer des
cris fur l'infolence d'*Arifte*.

A tant de cris vinrent fe mêler & les
plaintes du Gouvernement françois, qui
trouvoit indécent qu'il parlât de l'infur-
rection des Américains, d'une maniere
entierement oppofée à fes vues ; & les
foupçons peu fondés d'un mémoire qui
appuyoit les réclamations de l'Empereur
fur la Lorraine, & les foupçons encore
moins fondés d'un libelle fcandaleux contre une perfonne augufte.

X I.

*Arifte vient à Paris ; on l'enferme à la
Baftille.*

La foudre grondoit fur la tête d'*Arifte*,
il entendoit le bruit, & il affectoit de
ne point s'en allarmer ; il crut même
pouvoir le braver impunément. Les Miniftres françois agitoient entr'eux fi on

le feroit enlever à Bruxelles avec tous ſes papiers. On étoit incertain du parti qu'on prendrait à ſon égard, lorſqu'il demanda lui-même de venir à Paris : la permiſſion lui fut accordée avec des expreſſions qui écartoient toute méfiance. *N'y allez pas, lui dit ſon ami Noverre ; il court des bruits trop ſiniſtres ſur votre compte ; les termes doucereux de la réponſe qu'on vous a faite, ne me ſemblent que des fleurs qui couvrent un piege.*

Ariſte en arrivant à Paris, courut chez M. le *Noir* qui le reçut avec un ſourire qui n'avoit rien d'équivoque , & qui ſembloit être le ſourire de l'intérêt qu'on prend à quelqu'un. Jamais homme n'eut mieux le talent de déguiſer ſon viſage que ce Lieutenant général de police ; il fait quelques reproches à *Ariſte* au ſujet de ſes plaiſanteries ſur le Maréchal de *Duras*, & ces reproches c'eſt l'amitié qui ſemble les dicter. *Ariſte* quitte M. le *Noir*, ſans démêler ſes deſſeins, & tout auſſitôt il eſt environné d'une trentaine de mouches de la Police : on le ſuit à la piſte. Il va paſſer trois jours à Viri chez M. de *Gouve*, ancien Procureur-général de la Cour des Monnoies ; Il a un autre ami à viſiter, & qui eſt à Fontenai-ſur-bois ; ſes ordres ſont donnés pour ce voyage, on ſe met en chemin ; mais déjà & cocher & domeſtique, tout eſt corrompu : il falloit paſſer par la porte St. Antoine, mais c'étoit là qu'étoient répandus les espions de la Police : chaque argus avoit son poste d'observation; *Ariste* ne pouvoit échapper. Le cocher, au lieu d'aller à la porte St Antoine, semble diriger sa marche vers le château de la Bastille. *Mais, lui dit le Quesne qui accompagnoit Ariste, est-ce que ce cocher nous meneroit à la Bastille ?* Le carrosse s'arrête tout à coup, deux Inspecteurs se présentent à la portiere, & prient honnêtement, au nom du Roi, *Ariste* de descendre, & l'emmenent en le serrant de près, à la Bastille, où il étoit attendu, & où *Launay* l'enferma sous dix verroux dans une de ses mues, dans la même tour qu'avoient habitée le Général *Lally* & l'homme au masque de fer ; cette mue s'appelle la *Tour de la chapelle.*

L'emprisonnement d'*Ariste* fit un grand éclat; les nouvellistes ne tarderent pas à donner carriere à leur plume & à leurs conjectures. Les uns vouloient que la France eût des griefs très graves à lui reprocher : à la tête de ces griefs on mettoit, comme nous l'avons déjà dit, des mémoires fournis à l'Empereur pour réclamer la Lorraine : les autres le jugeoient coupable de quelqu'écrit scandaleux sur des personnes respectables.

Le Gouvernement gardoit un profond silence sur les motifs de son enlévement & de sa détention. Il n'en avoit peut-être aucun de légitime; il n'avoit que des foupçons, & ces foupçons n'étoient peut-être fondés que fur des délations clandeftines, ou venant de perfonnes fufpectes. Ils étoient même de nature à ne pouvoir être rendus publics; mais on efperoit les réalifer en fouillant fes papiers. L'ordre fut obtenu & donné à Bruxelles pour les enlever; mais *Arifte* fut fervi à tems: fes papiers les plus importans furent fouftraits aux recherches des Infpecteurs François. A ces papiers renfermés dans une vache, ceux qui le fervoient avoient adroitement fubftitué de la paille. Cependant le public fe berçoit de contes; tantôt on difoit qu'*Arifte* étoit transféré à Pierre-en-cize, & qu'on alloit lui faire fon procès, tantôt on difoit qu'il étoit mort, qu'on lui avoit ferré le cou entre deux guichets.

Pendant que le public fe livroit à de finiftres conjectures, *Arifte* enterré dans une des tombes de la Baftille, fe livroit à des inquiétudes déchirantes fur fon aventure: fon efprit inquiet, agité en fens irréguliers, étoit lui-même porté fur les foupçons comme fur les vagues d'une mer orageufe. Mais fur qui faire tomber fes foupçons? ce fera tantôt fur le Roi de Pruffe, qui aura demandé vengeance pour tant d'outrages faits à fon ami M. d'*Alembert*; tantôt fur les intrigues de l'Académie Françoife, qui aura follicité de le mettre au régime; tantôt fur M. de *Maurepas*, duquel il a parlé d'une maniere fort libre ; tantôt fur M. le Duc d'*Aiguillon*, qu'il a menacé d'un procès ; tantôt fur le Maréchal de *Duras*, qu'il a livré à la rifée publique ; tantôt fur M. de *Miromenil* Garde-des-fceaux, auquel il a répondu, *Monfeigneur, allez vous faire*, &c.

L'ame d'*Arifte* étoit dans une perpétuelle agitation, & fi par intervalle elle femble goûter quelque repos, c'eft le calme & le morne affoupiffement de la rage. Le régime de la Baftille eft plus ou moins rigoureux ; le moins ne fut pas d'abord pour *Arifte*, & ce ne fut qu'après une retraite de trois mois qu'il éprouva quelque adouciffement. On lui permit quelques quarts-d'heures de promenade dans la journée : il lui fut encore permis de recevoir dans fa fombre voliere le Commiffaire *Chenon*, de caufer & de s'entretenir avec lui.

Ce Commiffaire eft un affez bon homme ; mais tout bon homme qu'il eft, il fert le Gouvernement, qui le paye, de préférence au prifonnier qu'il careffe, & envers lequel, pour s'en faire un ami, il redouble de cajoleries au moment où il voit que le prifonnier eft fur le point de recouvrer la lumiere & la liberté. Peut-être ne hafarde-t on rien de trop en difant qu'il fert, ainfi que fon prédéceffeur, d'efpion au miniftere. *Paradès* l'avoit jugé tel ; auffi *Arifte*, en le voyant entrer dans fa cage, s'entouroit-il de ré-

ferve, de craintes & de méfiance. Il fe
borna à en faire fon pourvoyeur de livres.

Malgré ces petites douceurs, *Arifte* ne
portoit fes fers qu'en défefpéré. L'inac-
tion le jetta dans une langueur acca-
blante; c'eft dans cet état que toutes fes
idées fe noircirent, & il ne vit plus dans
les Officiers de l'Etat-major, prépofés à
fa garde & aux foins de fa fanté, que
des affaffins & des empoifonneurs, aux
gages du Roi & aux ordres de fes Miniftres. Dans fes fombres mélancolies il
imagina être empoifonné : on crut alors
lui devoir quelques confolations , mais
Arifte repouffant avec hauteur la bienveillance prétendue du Gouvernement &
de fes fecondaires, ne converfoit avec
eux qu'en fe fervant de paroles outra-
geufes, & ne leur parloit que pour leur
témoigner tout le mépris qu'il avoit de
leur état de fatellites du defpotifme.

Launay, Gouverneur, s'en vengea en le
laiffant, fous divers prétextes, plufieurs
mois fans fortir de fa taniere. C'étoit
une barbarie; mais *Launay* fe croit en
droit, quand le jeu lui plait, d'ajouter
aux rigueurs de cet enfer des horreurs
particulieres. Il y a fouvent des préférences pour les promenades ; mais ces
préférences ne font jamais pour ceux
qui lui déplaifent.

On croit devoir dire ici que les prifons
publiques font beaucoup moins rigoureu-
fes,

fes , même pour les scélérats, que les tours de la Bastille. Hors le peu de jours où , en matiere criminelle, on est au secret, on peut recevoir des visites, causer avec ses amis, se promener avec eux. L'empoisonneur *Desrues* eut la liberté de voir du monde jusqu'à la veille de son supplice.

Il n'en est pas ainsi dans le tartare de *Launay*. Un embastillé est au secret tout le temps qu'il y est plongé. Autrefois le régime y étoit beaucoup moins barbare : on en a vu redoubler les rigueurs sous le ministere d'*Amelot* , & sous la régie tyrannique de *Launay*. Ce sont deux hommes bornés ; la dureté de leur ame semble être en raison de stupidité de leur esprit. *Ariste* n'en étoit que plus à plaindre , & si au milieu de ce fleuve de misere & de tourmens , il savoura quelques gouttes de consolation, il les dut à son porte-clef.

X I I.

Ariste sort de la Bastille; on l'exile, & il s'enfuit en Angleterre; il publie un ouvrage contre la Bastille.

Après vingt mois d'angoisses & d'ennuis, *Ariste* recouvra la liberté : en le faisant sortir de son tombeau, M. *le Noir*,

Lieutenant de police, lui prescrivit deux recettes contre une rechûte ; la premiere de se retirer à Rhétel-Mazarin ; *Ariste* se croyant heureux de recouvrer la lumiere, signa une promesse qu'il iroit végeter avec les bourgeois de Rhétel-Mazarin.

La seconde recette étoit un conseil, celui *de se faire oublier* : je ne demande pas mieux, répond *Ariste*, & le lendemain il demande à faire une expérience d'une très importante découverte qu'il avoit faite, disoit-il, sur la propagation de la lumiere, pendant qu'il étoit enseveli dans les ténebres de la Bastille. On lui permit ce petit amusement, mais le lendemain on lui signifia d'aller vîte se confiner à Rhétel. Alors il tergiverse ; il voudroit voyager en Italie, mais on lui fait sentir que le chemin de l'Italie le rameneroit à la Bastille ; il demande d'aller à Bruxelles recueillir les débris de sa fortune : cette fortune est ce qui intéresse le moins M. *le Noir*, & sa demande est rejettée. Sur ce refus il n'a qu'un parti à prendre, & il le prend, c'est celui de s'expatrier & il s'expatrie.

En cela il ne fait qu'user d'un petit droit qu'ont tous les hommes, celui de changer de place quand ils ne se trouvent pas bien quelque part ; c'est un instinct qu'ils tiennent, ainsi que tous les animaux, de la nature elle-même, celui de quitter leur demeure quand on les y tourmente, ou qu'ils fentent que les chaffeurs peuvent tirer fur eux.

Les premiers foins d'*Arifte*, tranfplanté en Angleterre, furent d'y vivre, & pour cela de travailler de nouveau à gagner de l'argent, fans lequel l'homme civil ne peut fubfifter. Les *annales politiques* avoient été pour lui une mine féconde de richeffes & d'opulence ; mais cette mine avoit tari auffitôt qu'*Arifte* fut à la Baftille ; l'exploitation en fut livrée aux feules mains de M. *Mallet du Pan*, fon collaborateur.

Arifte chercha à réveiller l'intérêt de fes lecteurs par un coup d'une vengeance éclatante ; & on doit l'en remercier, puifque cette vengeance tourna au profit de fes concitoyens : il dévoila le régime infernal de la Baftille ; jufqu'alors ce régime étoit un fecret d'Etat. Tout l'odieux en fut mis au grand jour, & tous les honnêtes citoyens frémiront en lifant ce qui s'y paffoit.

L'ouvrage d'*Arifte* fur la Baftille fit jetter dans toute l'Europe un cri univerfel d'effroi & d'horreur fur ce monument de tyrannie miniftérielle, qu'on appelle prifon d'Etat, & qui n'eft qu'un fouterrain où des Miniftres, au grand fcandale de la loi, fuivant leurs caprices & leurs fantaifies, entaffent tous ceux dont ils ont intérêt d'arrêter la langue ou d'enchaîner la plume.

Tandis qu'*Arifte* livroit ce terrible affaut à la Bastille & à ses géoliers, le Comte de *Mirabeau*, de son côté, en parlant des lettres de cachet, portoit des coups assurés au donjon de Vincennes & au *pitancier* de cette prison. Ces coups furent tels que le Baron de *Breteuil*, ayant pris dans ces entresaites le département de Paris, & voulant dans le commencement de son ministere mériter la bienveillance des François, fit ouvrir les portes de ce donjon, exposa ses cachots à la curiosité du public & donna la liberté à la plupart des prisonniers. Ce fut une économie de près de cent mille francs que ce cloaque coûtoit à l'Etat.

Dans l'assaut donné par *Ariste* au château des huit tours, les deux personnes les plus maltraitées furent l'imbécille *Amelot* & le dur *Launay*. Le premier n'étoit que méprisé, mais l'autre étoit odieux & le devint encore davantage lorsqu'on sut l'abominable & criminelle parcimonie avec laquelle, sous ses yeux & ses ordres, se distribue la mangeaille aux huit mues dont il a acheté le droit d'être geolier, & dont le Gouvernement l'a mal-à-propos chargé d'être le nourricier.

Les forties d'*Ariste* contre cet homme devoient le perdre auprès du Gouvernement, comme cela finissoit de le perdre dans l'esprit du public : mais il échappa aux reproches, & peut-être même à une destitution, en remettant à M. le *Noir* ſon appui & ſon vengeur, les papillotes ſur leſquelles *Ariſte* écrivoit chaque ſoir ce qu'il déſiroit pour ſon dîner du lendemain. M. le *Noir* remit ces papillotes à M. *Amelot*, alors Miniſtre de Paris : ce Miniſtre en rendit compte au Conſeil, & *Ariſte* paſſa pour un calomniateur. Il eſt certain que *Launay* diſoit ſouvent : *il n'a qu'à demander ce qu'il déſire*; *Ariſte* envoyoit ſa carte, le Gouverneur la mettoit en réſerve pour s'en faire un titre; mais quand il étoit une fois muni de la carte, voici comment ſe faiſoit ſouvent le ſervice. *Ariſte* demandoit il un gigot de mouton? on lui en envoyoit le manche. Deſiroit-il une volaille? on le gratifioit d'un pilon, & ce pilon étoit ſouvent un débris échappé à la deſſerte du Gouverneur. On mettoit de la dériſion à le ſervir; qui concouroit à ce petit manege? la dévote femelle de *Launay*, qui, contre les réglemens & le régime, ſe rendoit toujours à la cuiſine aux heures du ſervice pour régler les portions de chaque mue.

La crainte avoit ſuivi *Ariſte* en Angleterre : il y étoit comme un eſclave au milieu d'une ville libre, vivant dans l'effroi & le tremblement; il prit à lui ſeul une maiſon qui auroit pu contenir pluſieurs locataires; mais dans la crainte que parmi ces locataires il ne ſe gliſſât des eſpions dépêchés du Gouvernement François; il aima mieux reſter chargé

D 3

de tous les frais de la location : il fortoit rarement de cette maison, & per-
sonne n'y étoit admis que sur de bons
renseignemens; de quelque part qu'on
vînt, il falloit, avant de lui parler, subir
un interrogatoire par devant la femme
qui étoit avec lui.

La tranquillité de cette profonde retraite & de ce profond silence dont il
s'étoit environné, fut souvent troublée
par des tracasseries d'ouvriers. Il n'en
employa aucun qui ne finît par lui dire
des injures & par le menacer de lui
faire un procès : il prétendoit que cha-
qu'ouvrier Anglois qui travailloit pour
lui, se croyoit en droit de voler un François; de là nâquirent vingt rixes, & sa maison fut souvent un champ de bataille, où
il fut contraint de faire le coup de poing
avec des ouvriers; il en prit du dégoût
pour le peuple de Londres, & notre ours
se détermina à s'enfoncer encore plus profondément dans sa caverne.

XIII.

Querelles d'Ariste avec les domestiques.

ARISTE, non-seulement s'embastilla en
Angleterre, mais le domestique qui le
servoit étoit forcé à s'embastiller avec
lui. Il lui étoit défendu d'avoir aucune com-
munication au dehors; il en changea sou-

vent, parce que peu de domeſtiques s'accommodoient d'un pareil empriſonnement ; ils s'accommodoient encore moins
des caprices, des violences & des bruyan-
tes humeurs de la compagne d'*Ariſte* ; au
moindre ſoupçon de relation avec des
étrangers, ces domeſtiques étoient mis
à la porte, & Monſieur & Madame, fer-
tiles en expédiens, trouvoient toujours
quelques prétextes pour retenir leurs
gages.

Dans Londres, ne trouvant plus de
domeſtiques qui vouluſſent s'empriſonner
avec eux, ils eurent recours à Paris, &
pour cela ils s'adreſſerent à feu l'Abbé *Tabouet*, devenu depuis quelque tems l'homme de confiance d'*Ariſte*, & pour la diſ-
tribution des *Annales*, ſubſtitué à *le Queſne*.
Cet Abbé, aſſez bon Tourangeau, & dont
la deſtinée étoit, ainſi que celle des devan-
ciers, les diſtributeurs des *Annales*, de ſe
brouiller avec *Ariſte*, lui envoya une
cuiſiniere habile, qui avoit ſervi de bons
bourgeois, & qui étoit nantie de bons certificats. Ce ne fut qu'après des informa-
tions bien priſes ſur le compte de cette
ſervante, qu'elle lui fut envoyée.

Mais elle ne put reſter chez lui que
peu de mois. La plainte qu'elle dreſſa à
ſon retour, contre *Ariſte*, donnera une
idée de l'intérieur de ſa maiſon & de ſes
procédés envers les domeſtiques.

D 4

Mémoire de la nommée *Victoire* *** contre *Ariste.*

„ M. l'Abbé *Tabouet*, qui me connoif-
foit depuis dix ans, étoit très en état
d'attefter ma conduite & ma fidélité ;
pour moi je ne connoiffois nullement
Ariste, je ne favois pas qu'il faifoit en Angleterre le métier que faifoit autrefois
M. *Frelon* à Paris, & dont j'avois entendu dire par mes maîtres tant de mal &
fi peu de bien : j'ignorois entiérement le
caractere dont la nature l'a pourvu.

„ L'idée de m'expatrier me fit d'abord
rejetter la propofition d'aller en Angleterre ; mais les conditions qu'au
nom de M. *Ariste*, m'offrit M. l'Abbé *Ta-*
bouet, me déterminerent, & il fut convenu,
conformément à fes lettres, que mes gages feroient de cent écus, qu'on payeroit mon voyage, & que dans le cas ou
je ne pourrois m'accoutumer à Londres,
on payeroit tous les frais de mon retour.

„ Les conditions, comme on fait, entre un maître & un domeftique, font toujours verbales. Mais M. l'Abbé *Tabouet*
qui recevoit les lettres de M. *Ariste*, où
elles étoient confignées, ne peut fe dif-
penfer de les certifier en juftice ou devant qui il appartiendra. En conféquence de pareilles conditions, je pris mon
parti pour aller faire la cuifine de M.

Arifte; je vendis mon ménage pour fa-
tisfaire quelques petits créanciers qui
ne devoient point fouffrir de mon ab-
fence.

„ Me voilà donc en Angleterre au fervice de M. *Arifte;* ma cuifine à la françoife reçut tous les éloges que je
pouvois defirer. Madame qui demeure
avec M. *Arifte,* alloit tous les jours à
la halle & à la boucherie : je lui de-
mandai à la délivrer de cet embarras,
ou tout au moins à le partager en allant
avec elle à la provifion. On me refufa
fous le prétexte qu'on ne veut pas que
je faffe connoiffance avec les Anglois,
qu'on me dépeint comme gens malins,
adroits, trompeurs, & dont les François
font toujours les dupes. Je demande
à aller à la meffe, & l'on me répond que
la meffe, en ce pays là, n'eft pas de mode.

„ Ma fanté fouffroit déjà beaucoup de
cette profonde retraite ; je demande
alors la permiffion de faire, mes devoirs
remplis, quelques petites promenades
pour prendre l'air ; c'eft alors que, pour
toute réponfe, on me fignifia que non-
feulement on n'entendoit pas que je for-
tiffe de la maifon, mais même que je
miffe la tête à la fenêtre, fous quelque
prétexte que ce fût, & je me vis à Londres, où tout le monde eft libre, réellement à la Baftille chez M. *Arifte.*

„ Je follicitai l'agrément d'aller trouver quelqu'écrivains François pour don-

ner de mes nouvelles à mes connoissances de Paris. Cette grace m'est impitoya-
blement refusée ; mais sur les pleurs que
m'arrachent tant de refus, M. *Ariste* se
charge lui-même de cette commission &
écrit tout le contraire de ce que je lui
avois dit. Ces lettres arrivées à leur des-
tination, nécessiterent des réponses au
nombre de trois qu'on m'a assuré m'a-
voir adressées, & qui furent soustraites
par M. *Ariste* lui-même, car il ne m'a
jamais dit en avoir reçu. Ce qui confirme
cette infidélité, non moins odieuse dans
un maître que dans un laquais, c'est la
copie de ces mêmes lettres que mes
connoissances donnerent en communica-
tion à M. l'Abbé *Tabouet*, & qu'il m'a
montrées à mon retour à Paris.

„ M. *Ariste* & sa mégere pousserent la
cruauté jusqu'à m'interdire toute con-
versation avec les domestiques, soit Anglois, soit François, qui apportoient des
lettres à la maison.

„ Je me crus alors en droit de me
plaindre d'une gêne & d'une contrainte
aussi abominable. On me menace du Juge, me faisant entendre que les loix An-
gloises, contre les domestiques, sont
très rigoureuses, & que si j'ose me plaindre on me fera mettre en prison.

„ On céda pourtant un jour à mes
sollicitations, & il me fut permis de sortir : c'étoit le jour que M. *Blanchard*
monta dans un globe, au mois de no-

vembre ; mes maîtres mirent feulement pour conditions que je fortirois avec eux ; ainfi ils me menerent voir l'expérience, mais avant de fortir de la maifon on m'enjoignit de ne parler à aucun François fi j'en voyois ; pour cela il me fut prefcrit de ne point les quitter, & on doit juger que je fus furveillée en conféquence.

„ Cet état d'efclavage influa prodigieufement fur ma fanté ; je dépériffois à vue d'œil, je me fentois menacée d'une maladie férieufe. C'eft alors que j'annonçai à mon maître *Arifte*, que fi on vouloit plus longtems me tenir en chartre privée, mon deffein étoit de repaffer en France.

„ Je réitérai journellement, & même plufieurs fois par jour, la demande de mon élargiffement ; mes importunités étoient toujours faites avec ce refpect que je fais être dû à des maîtres, même alors qu'ils font injuftes. Toutes mes peines furent inutiles, on ne leur oppofa que des refus barbares & la menace du Juge.

„ Enfin, excédée de ma longue captivité, je menaçai moi même de m'enfuir de la maifon ; cette menace eut fon effet ; *Arifte* & fa mégere confentent à mon élargiffement, mais à condition que je pafferai en France fans féjourner à Londres. Je confens à tout ce qu'on defire de moi là deffus ; je ne m'appercevois pas qu'ils ne vouloient ma prompte for-

tie d'Angleterre, que parce qu'ils crai-
gnoient que je ne m'adreflaffe moi-même
au Juge.

,, *Arifte* alla arrêter une place à la
diligence, craignant qu'en y allant moi-
même je leur euffe échappée, & que
le tour qu'ils vouloient me jouer n'eût
pas l'effet qu'ils s'étoient promis.

,, Enfin, le jour où les portes de la
baftille d'Arifte doivent s'ouvrir pour moi,
fa mégere m'accufe d'être une voleufe ;
à ce mot foudroyant je me foumets à
toutes les preuves poffibles pour ma
juftification. J'ouvre ma malle , on en fait
la fouille la plus fcrupuleufe , toutes mes
hardes font épeluchées en détail ; la mégere pouffe la noirceur jufqu'à dédou-
bler en entier un mantelet de taffetas
noir & un corfet de drap ; elle décout
toutes les ceintures de mes jupons pour
trouver ce qu'elle cherche. Et que cher-
choit-elle ? je n'en ai jamais rien fu , ni
elle non plus : le démon de la méchanceté l'a feul pouffée à ces violences. Il
m'a toujours paru qu'elle ne cherchoit
autre chofe qu'à me faire du mal ; je
fouffrois tout avec fang-froid, parce qu'en
ce pays-là je ne connoiffois perfonne
dont je puffe me réclamer ni à qui je
puffe demander juftice de tant d'horreurs.

,, Cette accufation de vol ne réuffif-
fant pas, on en imagina une autre encore
plus abominable ; on m'accufa d'être
groffe, & pour mettre ma prétendue

groſſeſſe à découvert, on me mena dans le jardin; là en préſence de cette mégere, de ſon coëffeur, d'*Ariſte* lui même, & dans un jour de glace (c'étoit les derniers jours de novembre) on m'ordonne de me déshabiller, on me force à me mettre toute nue, c'eſt dans cet état de nudité entiere, & pour examiner ſi je ſuis groſſe, qu'on me fait promener autour du jardin. Mes pleurs & ma ſituation auroient attendri les hommes les plus féroces : mais *Ariſte*, ſa mégere & ſon coëffeur ne répondent à mes pleurs & à mes gémiſſemens que par des éclats de rire, & ſe retirent, en me laiſſant ſeule pour me r'habiller.

„ Ce jour-là étoit cependant celui où je devois recouvrer ma liberté pour retourner dans ma patrie. Sur les dix heures du ſoir, *Ariſte* me mena lui-même dans une auberge pour attendre le départ de la voiture publique qui partoit le lendemain. Chemin faiſant il me dit que les rigueurs que l'on avoit miſes à mon égard n'avoient pas dépendu de lui , & qu'il en étoit très fâché. En me quittant : *ſoyez tranquille*, me dit-il d'un ton hypocrite, *tout eſt payé juſqu'à Paris, & M. l'Abbé Tabouet, chargé de mes affaires en France, vous payera vos gages.*

„ L'heure du départ arrive, & l'aubergiſte vint à moi me demander le payement de mon coucher, m'aſſurant qu'on ne l'avoit pas payé, & cela étoit vrai, je fus obligée de le faire moi-même.

„ Ce n'eſt là qu'une premiere coquinerie d'*Ariſte* : il m'avoit fait entendre qu'il avoit payé la voiture, pourvu aux frais de ma nourriture pour le paſſage & la route juſqu'à Paris. Le ſcélérat n'avoit pourvu à rien ; c'étoit de ſa part une fourberie manifeſte : je fis connoître à quelques perſonnes qui faiſoient le voyage avec moi, les horreurs de pareils procédés. Pluſieurs de ces perſonnes connoiſſoient *Ariſte* ; elles n'en furent point ſurpriſes, mais, touchées de mon ſort, elles s'empreſſerent de venir à mon ſecours & ne me laiſſerent manquer de rien juſqu'à Paris.

„ A mon arrivée au bureau des voitures, je veux faire emporter ma malle avec moi ; on me dit que le port n'en étoit pas payé ni ma place non plus. Qu'on juge de ma ſurpriſe & de mon embarras ! Je laiſſe ma malle en nantiſſement & cours chez M. l'Abbé Tabouet ſon agent, qui me dit n'avoir aucun ordre de me payer : je fais écrire à *Ariſte*, qui répond qu'il ne me doit rien & qu'il ne m'a renvoyé que parce que j'étois groſſe. C'étoit joindre la baſſeſſe, la ſcélérateſſe d'un vol fait à un domeſtique, à la ſcélérateſſe d'une diffammation.

„ Les perſonnes de ſa connoiſſance prenant intérêt à moi, lui ont écrit pour

folliciter mon falaire & mes dépenfes ;
mais dans fa réponfe, fur trois pages,
le feul mot de *demoifelle* eft lifible ; cette
réponfe a été préfentée à des déchif-
freurs qui n'ont pu venir à bout d'en
lire deux mots. C'eft un coupable qui,
fentant fon crime, s'enveloppe de ténebres & d'obfcurités.

„ Puis-je, Monfieur, trouver en vous
un homme qui veuille réclamer la juftice
des Magiftrats de Londres, contre un
homme auffi cruellement injufte ; fi j'é-
tois un domeftique infidele, c'étoit à
lui à me traduire devant le Tribunal des
Juges de Londres, mais non pas d'autorité privée me retenir mes gages, &
enfuite me parler d'honneur en me vo-
lant baffement mon falaire.

„ S'il n'eft pas poffible de le traduire
en juftice, je vous fupplie de faire infé-
rer mes réclamations dans les papiers
de Londres ; il faut tout au moir s qu'un
pareil maître foit connu : en ce moment
je me borne à cette juftice, en attendant
de pouvoir en obtenir une plus éclatante. „

A Paris ce 23 décembre 1784.

*Cette lettre traduite de l'Anglois n'eut
point de fuite, car Arifte ne tarda pas à
quitter Londres.*

XIV.

Querelle d'Arifte avec le Rédacteur du Cou-
rier de l'Europe ; divers outrages qu'il
effuie ; il quitte l'Angleterre.

L E S *Annales politiques* avoient repris
leur cours, mais le fuccès n'en étoit
plus le même ; le Gouvernement François en toléroit la vente & la circula-
tion, mais forçoit fon Auteur à une
circonfpection qui rendoit l'ouvrage froid
& infipide. Et lorfqu'on vit l'amertume
de fon ftyle attiédi, & la chaleur de
fon cerveau refroidie, fe traînant fur des
lieux communs, ne difant que ce que
tout le monde favoit, on ne tarda pas
à fe dégoûter de fes *Annales. Arifte* dépouillé de fa caufticité ne parut plus le
même Ecrivain : ne fachant que dire qui
pût plaire, il imagina de juger les ouvrages de M. de Voltaire, mais fes jugemens firent bâiller fes lecteurs, & le
difcrédit de fon Journal fut entier. Il
crut réveiller l'intérêt du public en annonçant une édition des œuvres de M.
de *Voltaire*, laquelle corrigée & purgée
du venin de la philofophie, devoit être
à l'ufage des *honnêtes-gens.* Il vouloit pro-
bablement dire à l'*ufage des dévots* : on rit
de fa capucinade, & l'édition n'eut pas
lieu.

lieu. Au reste, en corrigeant & en pu-
bliant cet ouvrage, *Ariste* ne cherchoit
qu'à faire une affaire d'argent & à ga-
gner fa vie en Angleterre, aux dépens
d'un mort illuftre.

Ariste toucha une autre corde, & il
fut plus heureux. L'attention de fes lecteurs déjà endormis fe réveilla tout à
coup, lorfqu'on l'entendit parler de l'Efcaut. L'Empereur & la Hollande étoient
en difcuffion au fujet de ce fleuve : cette
noife politique fe difcutoit dans les Cabinets: on fembloit être à la veille d'une
guerre. Les troupes Impériales s'avan-
çoient peu à peu dans le Brabant; la
France offroit fa médiation; mais tout
en tenant la balance, elle fembloit pen-
cher pour la Hollande; *Ariste* qui com-
mençoit à s'ennuyer en Angleterre, où
il s'étoit déjà fait beaucoup d'ennemis,
& qui vouloit, en cas d'événement, fe
préparer une retraite dans les états de
l'Empereur, lâcha dans le public un nu-
méro de fes *Annales*, qui fit une grande fortune. Il difcuta l'affaire en Jurifconfulte, & ainfi que la plupart des
Jurifconfultes, il fut de l'avis de celui
dont il pouvoit tirer les plus grands avan-
tages. Il trouva qu'il étoit ridicule que
les Hollandois euffent mis l'*Efcaut à la
Baftille*, c'étoit fon expreffion ; il voyoit
cette prifon partout, & c'eft le trouble
de fes idées qui lui arracha cette bouffonnerie, & bien peu faite pour un fujet auffi grave.   E

L'Empereur voyant qu'*Arifte* avoit mis beaucoup de perfonnes pour lui, en devint plus exigeant, & le Cabinet de Verfailles, contrarié par *Arifte*, qui avoit fortifié les partifans de l'Empereur, mais briguant la gloire d'avoir terminé cette querelle, décida les Etats de Hollande à faire à peu-près ce que defiroit *Jofeph II*; ainfi, avec beaucoup de millions tout s'arrangea, & *Arifte* fe trouva avoir un protecteur dans l'Empereur.

Le Gouvernement François fe vengea d'*Arifte*; il lui détacha *Morande*, écrivain naturellement redoutable à fes ennemis, & qui l'étoit encore davantage lorfqu'on le foudoyoit. Ce maraud tenoit alors la plume du Courier de l'Europe, & ne perdoit aucune occafion de couvrir *Arifte* de ridicule; il étoit toujours en haleine pour le tourmenter. *Je viendrai à bout de le chaffer d'Angleterre*, écrivoit-il à un homme devenu encore plus fameux que célébre.

L'humeur infociable & difficultueufe d'*Arifte* lui aliénoit les cœurs de tous les Anglois qui avoient quelque relation avec lui : chaque meuble qu'il commandoit, chaque chofe dont il avoit befoin, étoient des fujets de querelles avec les ouvriers ; il prétendoit toujours qu'on vouloit le voler. Ces querelles devinrent quelquefois très férieufes : on n'entendoit que peintres, menuifiers, ferruriers, tapiffiers, fleuriftes, tous fe plaignant de lui ; il changeoit fouvent de domeftiques, & ces changemens ne fe faifoient jamais fans qu'on y mêlât quelques plaintes fur fes injuftices , & fur la dureté de la commere qui vivoit avec lui, qui s'étoit rendue odieufe aux femmes de la halle & aux garçons de boucherie. On l'avoit infulté plufieurs fois. Leur conduite envers la cuifiniere dont nous avons parlé, fut la même à l'égard des domeftiques qui lui fuccederent, comme envers ceux qui l'avoient précedée : aucun ne fortoit de fon fervice fans fe plaindre d'avoir été trompé, maltraité & accufé de vol.

Le mépris & l'inconfidération à leur égard furent pouffés à un point qu'ils n'ofoient plus fortir : lorfqu'ils paroiffoient dans les rues , on les fuivoit, on les baffouoit; on leur jetta plus d'une fois de la boue. Les papiers publics s'égayoient journellement fur leur compte, ne ceffant de publier les avanies dont la populace les régaloit.

D'ailleurs fa drogue , c'eft-à-dire, fes *Annales* étant tombées dans un profond difcrédit, il fe vit obligé de quitter l'île de la liberté, & de reporter fes treteaux fur le continent.

X V.

Ariste voyage en Allemagne; bonté de l'Empereur à son égard; Ariste reparoît à Paris; ordre au Parlement de le laisser plaider.

LE service qu'*Ariste* avoit rendu à l'Empereur, au sujet de l'Escaut, le enhardit à faire le voyage de Vienne; il y fut accueilli comme un homme dont le nom seul réveilloit la curiosité : le grand avantage qu'il retira de ce voyage, fut d'obtenir de l'Empereur, de prendre intérêt à lui. Ainsi, *Joseph II* fit demander à *Louis XVI*, pour *Ariste*, l'oubli du passé, & la permission de pouvoir aller, sans être inquiété, aux pieds du Parlement de Paris, réclamer ses droits. Cette grace qui, dans le fond, n'étoit qu'un acte de justice, lui fut accordée; malgré cela *Ariste* montroit des défiances; pour les calmer, l'Empereur le revêtit d'un titre qui pût lui servir de sauve-garde en France contre l'autorité ministérielle.

M. *Huc de Miromenil* qui avoit encore les Sceaux, & M. *de Vergennes* qui vivoit encore, & sur le compte desquels *Ariste* s'étoit égayé, ne virent qu'avec peine que *Louis XVI* avoit consenti à son re-

tour. Le Duc d'*Aiguillon*, toujours éloi-
gné de la Cour, & toujours en difgrace,
n'ayant plus le vieux Comte de *Maurepas* pour appui, trembloit de cette ap-
parition d'*Arifte*; c'étoit en effet contre
lui qu'*Arifte* devoit diriger fes premiers
coups.

Le Parlement, au moment où il ne
s'y attendoit pas, fut étonné de recevoir un ordre du Roi, de laiffer plaider
Arifte, & de lui rendre juftice, fi juftice lui
étoit due. Ce qu'il y eut en ce moment
de pénible pour le Parlement, fut d'ê-
tre obligé de voir en fa préfence, &
d'entendre ce même homme duquel il
avoit fi fouvent reçu des outrages, qui,
dans fes *Annales* n'avoit parlé de la Magiftrature Françoife que fous le titre
dérifoire & aviliffant de *Robinocratie*, c'eft-
à-dire, d'une Cour compofée de bourgeois Magiftrats, qui, énorgueillis d'un
titre d'office qu'ils ont acheté, & infa-
tués de la longue fimarre dont ils s'affu-
blent chaque matin, fe croyant tout
dans l'Etat, fe permettoient tout, à raifon de cette robe.

Le point effentiel du Parlement étoit
de tenir la balance égale entre *Arifte* & le
Duc d'*Aiguillon*, fon adverfaire. A la vérité,
cet adverfaire ex-Miniftre étoit peut être
encore moins aimé au Parlement qu'*Arifte*: il s'étoit rendu défagréable en Cour,
pour avoir confervé des liaifons ouver-
tes avec Madame *du Barry*; il étoit

odieux au public, qui le regardoit comme l'inftrument de la tyrannie miniftérielle employée contre le vertueux & bon citoyen *la Chalotais*. En outre, on mettoit le partage de la Pologne fur le compte de fon ineptie, pendant qu'il étoit chargé des affaires étrangeres.

Ajoutons que le Parlement avoit une vieille rogne contre le Duc d'*Aiguillon*, c'étoit en effet lui & les actes de defpotifme qu'il avoit exercés en Bretagne, qui, en 1770, avoient, fous le Chancelier *Maupeou*, occafionné la difperfion de toute la Magiftrature.

L'ex Miniftre de la guerre fut fommé, par *Arifte* de fe mettre en défenfe, l'homme qu'il choifit pour fon Avocat, n'avoit ni éloquence, ni talent, ni reffource dans l'efprit, pour parer à tous les coups qu'on devoit lui porter. *Arifte* fon aggreffeur parut dans le barreau en habit ordinaire ; il fit valoir cette circonftance pour montrer qu'on l'avoit dépouillé de fon état, & que cette injufte flétriffure étoit l'ouvrage des intrigues du Duc d'*Aiguillon*.

Le public prenoit intérêt à lui, parce qu'il étoit opprimé, & qu'on lui avoit ôté fon état. Il tira parti de toutes les circonftances qui pouvoient mériter les fuffrages du public & du Parlement, & les fit valoir avec tous les talens d'un grand maître.

Il parla de la Baftille, où il avoit été

enfermé, & le public & le Parlement entendirent avec horreur les récits qu'il fit de cet infâme cloaque.

Il parla de fon exil & de la lettre de cachet qui l'envoyoit à Rhétel Mazarin; & le public & le Parlement qui regardent les exils & les lettres de cachets comme inconftitutionelles, l'entendirent avec plaifir, & applaudirent à fes récits.

Aux frontieres de la France, aux barrieres de Paris, il avoit effuyé des fouilles odieufes; il parloit de fes papiers enlevés. Le public & le Parlement qui regardent les employés comme les vils inftrumens de la tyrannie fifcale, & leurs fouilles comme des efpeces d'attentats à la liberté du citoyen, lui furent gré des forties qu'il fit fur ces gens.

Dans le cours de fes plaidoyeries il lança cent farcafmes contre le Chancelier *Maupeou*, qui avoit affligé la Magiftrature d'un exil de cinq ans : le Parlement *écoutoit* avec plaifir, malgré la gravité dont il s'enveloppe fur les fleurs-de Lys, rioit de fes farcafmes, & le public applaudiffoit.

Ce qui ajouta beaucoup à l'intérêt de l'entendre, fut un genre d'oppreffion dont il fe plaignit, & dont il développa les motifs. Le *Garde-des-fceaux*, qui n'avoit pu l'empêcher de plaider, l'empêcha d'imprimer fes mémoires; réduit à éclairer fes Juges de vive-voix, il ne put inftruire l'univerfalité du public par écrit.

En 1775, *Ariste*, rayé du tableau des Avocats, voulut imprimer une requête en cassation ; le Garde-des-sceaux, créature de *Maurepas*, le lui défendit : *Ariste* invoqua le Roi, & le Garde-des-sceaux révoqua cette loi qui permettoit les requêtes en cassation.

En 1786, l'ordonnance laissoit & laisse encore aux plaideurs le droit d'instruire le public par des mémoires. Le Garde-des-sceaux viola cette ordonnance, & fit défense à tous les Imprimeurs de Paris de rien imprimer pour *Ariste* dans l'affaire de M. d'*Aiguillon*. Cette défense étoit injuste ; c'étoit une violation manifeste d'un droit que la loi laisse à tout citoyen ; cette violation fut rappellée par *Ariste*, & dans toute la salle d'audience on entendit s'élever un cri d'indignation contre le despotisme du Garde-des-sceaux, qui, par ses défenses cherchoit encore à servir l'ombre du Comte de *Maurepas*, à qui il devoit sa place, & à se venger du *Monseigneur allez vous faire*.

Le Magistrat, qui, selon ses caprices, tournevire ainsi la loi, qui *tue* cette loi quand elle le gêne, & le tout pour se venger, doit être un homme sans foi & sans conscience.

Le concours, pour entendre *Ariste*, étoit prodigieux : dès les quatres heures du matin, des Dames, crainte de n'avoir point de place, se rendoient au

Palais. Toutes les avenues étoient affié-
gées par ses admirateurs. C'eft au bruit
des applaudiffemens qu'il entroit à l'audience & qu'il en fortoit.

XVI.

*Aventure d'Arifte ; il gagne fon procès contre
M. le Duc d'Aiguillon.*

Un événement qui eut toute l'appa-
rence d'un grand danger, ajouta infini-
ment à l'intérêt qu'*Arifte* infpiroit déjà. Le concours pour l'entendre étoit
fi prodigieux qu'il fallut pofer des fenti-
nelles pour arrêter la foule, qui, incon-
fidéremment s'entaffoit dans la grande
chambre.

Un jour il y eut un grand engorgement
de peuple à la porte par où entroit *Arifte*.
La fentinelle, pour contenir la foule,
leve le fufil ; un homme qui fentoit qu'il
alloit être écrafé, arrache le fufil des
mains de la fentinelle & le laiffe tomber
au hafard fur la multitude : la croffe de
ce fufil porte fur la tête même d'*Arifte*.
Le coup l'étourdit & il fallut le porter,
à demi-mort, dans la falle d'audience :
Arifte joua fupérieurement fon rôle ; re-
venu, ou feignant de revenir de l'autre
monde, il prit une voix conforme à la
circonftance ; cette voix étoit celle d'un

agonifant, & quand on l'entendit, elle ne fit qu'acroître l'intérêt du public ; on le lui témoigna par des milliers de battemens de mains.

Malheureufement les vacances arriverent, & le procès qui n'étoit pas fuffifamment inftruit fut renvoyé à la rentrée du Palais. *Arifte* met cet intervalle à profit, il vole à Bruxelles & fait imprimer une requête au Roi, dans laquelle il expofe longuement, dans un détail très minutieux, & même un peu faftidieux, la trame qu'il fuppofe que les *Maurepas*, les d'*Aiguillon*, les *Miromenil* ont ourdie contre fon honneur, contre fa fortune & contre fa vie même : c'étoit furtout à M. d'*Aiguillon*, fa partie adverfe, qu'il en vouloit ; il voyoit ce Seigneur en tout & partout ; fon image comme une furie implacable, fembloit s'être attachée à fon ame pour la tourmenter.

Lui a-t-on ravi le droit de faire le journal de Pankoucke ? c'eft à M. le Duc d'*Aiguillon*, à qui il en attribue la perte. Les Avocats l'ont-ils rayé du tableau, l'ont-ils rejetté de leur fein ? c'eft à M. le Duc d'*Aiguillon* qu'il doit cet outrage de la part de fes confreres, c'eft ce Seigneur qui a cabalé contre lui, & qui pour confommer fon iniquité, a rendu publiques des lettres qui devoient demeurer fous le fecret. A-t-il été incarcéré pendant vingt mois dans une des géoles de la Baſtille ? c'eſt le Duc d'*Aiguillon* qui a forcé ſon oncle, le Comte de *Maurepas*, à ſigner ſon empriſonnement. A-t-il reçu à l'une des portes du Palais un coup de croſſe de fuſil ? c'eſt encore M. le Duc d'*Aiguillon* qui a appoſté des gens pour l'aſſommer, & c'eſt M. *de Miromenil*, Garde-des ſceaux, qui a dirigé le coup de l'*aſſaſſin* ; car, dit-il, *il faut trancher le mot, à quoi ſerviroit la mignardiſe dans les termes, quand il y a tant d'atrocité dans les faits.*

Telle eſt en ſubſtance, *la requête au Roi*, contre le Garde-des ſceaux. On eut beau la proſcrire, elle ſe répandit avec profuſion, & dévoila les petites manœuvres d'un homme, qui, géneralement n'étoit eſtimé, ni des Parlemens, ni des gens de Cour, ni des hommes de lettres.

Les plaidoyeries d'*Ariſte* recommencerent, à la rentrée du Palais, avec plus d'éclat que jamais. L'Avocat du Duc d'*Aiguillon* fut ſouvent interrompu par le bruit & les riſées de l'auditoire ; il n'avoit point le talent néceſſaire pour joûter avec avantage contre ſon compétiteur. L'éloquence d'un homme qui défend ſa cauſe perſonnelle, & les raiſons étoient contre lui ; il s'en ſentoit accablé. D'ailleurs la cauſe qu'il défendoit paroiſſoit injuſte : on ne trouvoit point de nobleſſe dans les procédés d'un Seigneur envers un homme qui avoit défendu ſon honneur. On voyoit dans ces procédés, de l'ingratitude, ce qui eſt toujours odieux, mais même de la léſinerie, ce qu'on ne pardonne jamais dans un homme d'une exceſſive opulence.

Le Duc d'*Aiguillon* avoit offert, par la médiation du Garde - des - ſceaux, 24 mille francs à *Ariſte*, moyennant la dédicace d'un livre le Garde-des-ſceaux interrogé avoua le fait; le Duc d'*Aiguillon* en convint, le Parlement n'eut égard à ces offres, & par ſon arrêt le condamna à payer à *Ariſte*, avec tous les frais du procès les vingt-quatre mille francs qu'il avoit déjà offerts.

Quant à la dédicace qu'il exigeoit, le Parlement la regarda comme une affaire de petite vanité, d'autant plus qu'il ſavoit qu'*Ariſte* en avoit déjà rembourſé la propoſition au Garde-des ſceaux, par un allez vous faire.

L'humiliation du Duc d'*Aiguillon* ſembloit être entiere, mais ne témoignoit qu'un léger contentement de l'arrêt du Parlement.

Son triomphe lui paroiſſoit incomplet; ce n'étoit point 24000 liv. qu'il réclamoit, c'en étoit 50 mille, & la perte de ſon état, que rien ne pouvoit compenſer, & qu'il diſoit être l'ouvrage du Duc d'*Aiguillon*.

XVII.

Ariste se fait Juge de M. de Voltaire &
champion de la Cour-pléniere ; on se moque
de lui.

Après l'éclat de ce procès, sur lequel
Paris & la Cour furent longtems parta-
gés, la célébrité d'*Ariste* sembloit toucher
à sa fin ; en vain il chercha à donner quelqu'appareil à une petite guerre, qu'il déclara au sieur *Pankoucke*, son ancien im-
primeur, & au sieur *le Quesne*, son ancien agent ; le public ne daigna pas s'en
appercevoir. Il est rare qu'il passe avec
plaisir d'un grand opéra aux *Fantoccini* &
aux *Ombres Chinoises* : ces petits specta-
cles ne pourroient que l'ennuyer, en
sortant de voir *Armide* ou *Ephigénie* en
Tauride.

Comme *Ariste* est bien aise de tenir
les yeux du public ouverts sur lui même,
& toujours prêts à se fermer du moment qu'il n'est point en scene, il donna
un ouvrage sur la lumiere ; c'est une médiocrité dont les physiciens se font à
peine apperçus.

Ensuite il a fait *l'examen des ouvrages*
de M. de Voltaire. Les hommes de lettres
n'y ont trouvé que des réminiscences,
mêlées à quelques idées extraordinaires

qui n'ont eu aucun fuccès. Il veut que la *Henriade* foit un mauvais poëme épique, & il enfeigne au défunt la maniere dont elle doit être refaite. On peut lui répondre ce que M. *de Voltaire* de fon vivant répondit à M. *Clément*, qui l'endoctrinoit fur l'art du poëme épique : *cela eft fi facile, que n'en faites-vous un?*

Les fcenes qui, en ce moment fe paffent en France & fur le théâtre de l'Europe, ouvrent de vaftes champs à la politique des Ecrivains : elles peuvent être une mine féconde de richeffes pour *Arifte.* Elles doivent néceffairemeut rendre fes *Annales* intéreffantes ; car on ne peut lui refufer le talent de la difcuffion, furtout lorfqu'il ne court pas après la fingularité, & lorfque plus attentif à bien écrire qu'à beaucoup écrire, il met plus de logique dans les raifonnemens & moins d'incohérence dans les idées.

Déjà nous venons de le voir, franchiffant en étourdi la barriere, s'élancer du milieu de l'arêne ; nous l'avons vu en haine de la Magiftrature, & voulant fe venger du haut Clergé, qui n'a voulu l'avoir ni pour apôtre de fes dogmes & de fa difcipline, ni pour écrivain à gages de fes priviléges, de fes franchifes, canonifer une *Cour-pléniere*, dont la nation fenfée, encore plus que les Parlemens, réprouve la compofition, & demande à grands cris d'y avoir les véritables repréfentans du Tiers-état.

Qu'a valu à *Arifte* fon beau zele, fon fier *championage* ? un ridicule. Nos Seigneurs du Clergé ne l'ont point voulu pour apôtre de leur opinions, ni le Gouvernement pour le défenfeur de fes opérations. Le Miniftere même voulant fe juftifier auprès des honnêtes gens qui auroient pu foupçonner de le mettre en œuvre, a fupprimé en le traitant de menteur par un édit, les apologies qu'*Arifte* avoit faites dans fes *Annales* de la Cour-pléniere.

A Rennes les *Annales* d'*Arifte*, fur les ordres de la Police, furent lacerées & brûlées par la main de l'exécuteur des hautes œuvres : le burlefque fe joignit bientôt à la chofe férieufe. Un plaifant, pour tourner en ridicule le grand Bailliage, qu'on s'efforçoit d'établir dans cette ville, imagina un pamphlet qui eut une grande vogue, & dans lequel on voit vingt ramoneurs, qui, avec pompe & cérémonie, font inftalés Juges dans ce moderne tribunal : on y voit auffi le fieur *Balay*, préfident cette inftallation, & prononçant la harangue dans laquelle, après avoir rappellé les fervices inouis qu'*Arifte* a rendus à la patrie, *on le crée, à titre d'office, Hiftoriographe de ce grand Bailliage.*

Ce n'eft pas tout. *Arifte*, moqué, raillé en Bretagne, fon œuvre brûlée, & lui-même travefti en hiftorien d'un tribunal de ramoneurs, fut deux mois après dénoncé au Parlement de Paris, comme un *Ecrivain audacieux, mercenaire, extra-vagant, méchant, calomniateur, ennemi & perturbateur du repos public.* (*) Ceci, il en faut convenir, étoit fort aigre & un peu plus sérieux que la burlesque plaisanterie des Ramoneurs de Rennes, on voulut le décréter de prise de corps ; plusieurs Magistrats penchoient pour ce décrêt, qui avoit d'abord été dans les conclusions de l'Avocat-général. La pluralité des opinions ne fut pas pour ce décrêt, qui eût paru d'une rigueur excessive & blâmable.

Le Parlement se borna à faire brûler le cahier de ses *Annales* où il établissoit le droit & la légitimité d'une banqueroute à l'avénement de chaque Roi au Trône, & à arrêter en France le cours des *Annales.* C'étoit lui couper les vivres, & cette vengeance étoit assez grande.

La doctrine d'*Ariste* sur la banqueroute que le Roi peut faire à ses sujets en montant sur le Trône, est très fausse, & vingt Auteurs se feroient empressés de le prouver, sans qu'il fût besoin de la brûler, mais elle n'étoit pas nouvelle. C'étoit une opinion, qui depuis dix ans lui avoit passé par la tête ; mais comme elle étoit singuliere & neuve alors, il avoit

____

(*) Toutes ces qualifications sont extraites du réquisitoire de M. *Séguier.*

cru

cru devoir en faire part au Gouvernement. C'est en 1777 qu'il la promulgua :
le Parlement alors garda le silence ; mais
en ce moment il a eu à se venger d'*A-
riste*, il a puni en lui l'écrivain qui ne
cessoit de plaider en faveur du Roi,
contre les prétentions de la Magistrature ; qui ne cessoit de répeter ces paroles vraies & mémorables de La Vaque-
rie à Charles VIII, & au nom de son
corps : *Le Parlement est pour rendre la
justice au peuple. Les finances, la guerre,
le gouvernement ne sont point de son ressort.*

Le Parlement, pour brûler les *Annales d'Ariste*, dit que sa doctrine décré-
ditoit les effets à la Bourse : ce n'étoit
là qu'un prétexte & non une raison. La
Bourse alloit très mal avant qu'*Ariste*
eût parlé de banqueroute, & après l'arrêt
du Parlement contre sa doctrine, elle alla
encore plus mal. La baisse dans les actions & les effets Royaux, dérivoit de
plusieurs autres causes.

Au reste, ferme sur les treteaux, au
milieu de Bruxelles, *Ariste* se levant
très matin & dînant fort tard, toujours
morne & silencieux, mais le verre à la
main, se gaudissant à table avec sa vieille
tourterelle, écrivant tantôt bien & tantôt mal, ayant tout le talent nécessaire
pour bien discuter les grandes affaires
d'État, s'il écrivoit moins & s'il médi-
toit davantage, étalant tantôt de bons
& tantôt de mauvais principes d'admi-
nistration, de politique & de police,

mêlant toujours un peu d'orviétan à d'affez bonnes drogues, *Arifte*, dis je, s'eft
moqué de la brûlure de fes *Annales* &
de Meffieurs les brûleurs; il s'eft auffi
moqué de M. *Séguier*, le grand Réqui-
fiteur, & de fon Adjudant général, le
Marquis *du Pug****, le plus intrépide de
nos orateurs de caffé, & dont l'énorme
poumon, par fon volume, fa force, &
fon jeu, ne le cede en rien à l'ame du
principal foufflet des forges de Vulcain.

Cela dit, nous fouhaitons à *Arifte*,
non de la célébrité, car il en a autant
qu'il peut en avoir, non la paix, car
il ne l'aime pas, & pour fe la procurer
il n'a jamais fu faire aucun facrifice,
non de la gloire, car il ne court pas
après elle; mais nous lui fouhaitons beaucoup d'or & beaucoup d'argent, auquel
depuis le dérangement de nos finances,
il met, avec jufte raifon, un grand prix.

De plus nous fouhaitons qu'il foit heureux, qu'il rachete, par quelque bon
ouvrage, dont il eft capable, les péchés
de fa jeuneffe; nous défirons furtout,
qu'en parlant des défunts, il ne faffe plus
de menfonges, pour contenter quelques
vivans, & qu'en parlant de philofophie,
il ne faffe plus de capucinades, ce qui
eft au deffous de lui. Sur ce, nous lui
pardonnons de bon cœur, de nous avoir
pendant vingt ans vexés, vilipendés &
outragés.

F I N.